“十三五”国家重点出版物出版规划项目
“认识中国·了解中国”书系

我眼中的中韩关系

[韩] 金胜一（김승일） 著
王 琳 译

한중관계의 오해와 진실

中国人民大学出版社
·北京·

致读者

中韩关系的历史已有几千年之久，在历史长河之中，虽然两国之间也曾发生过一些问题，但是双方的保护和协作仍然铸造了世界建交史上少有的友好关系，并延续至今。然而，在近代化过程中，随着帝国主义的侵略的不断加剧，在关乎国家生死存亡的关键时刻，中韩两国不得不终止了这段友好关系，经历了一段长达百年之久的疏浅时期。但是今天，中韩两国已经克服重重困难，正在为恢复两国友好关系而不断努力。就像人生历程一样，国家在发展的过程中也要经受重重考验，面对各种逆境。然而，要从这样的逆境中存活下来，必须找到自己在精神意志上的支柱，国家也是如此。越是在遇到困难的时候，合作国的支持与帮助就显得越重要。从这一点出发，中国给予韩国的帮助要比韩国给予中国的帮助大得多。而这种局面的形成与长久以来中国以独有方式对受中华文化影响的东亚圈的统治有很大的关系。不仅如此，对于曾经在文化上、经济实力以及军事实力上都处于优势地位的中国来说，了解周边国家的状况以及要以“德治”带动周边国家的发展，似乎成了身为统治国的中国义不容辞的责任。在某种程度上，这也是研究中国的广大学者的共同看法。

然而，即便历史就是如此，今后的中韩关系将朝着怎样的方向发展已经成为当前摆在我们面前的主要问题。这个问题早已不但关乎中韩两国关系的发展去向，而且对世界范围内各个地区的共同发展、和平安定有着不容小觑的影响。其原因就在于，从近代开始延续至今的欧美主导国际协作关系已经无法继续维持，取而代之的将是传统的东亚有机体系(内文中将详细介绍)。正是因为如此，怎样利用友好关系来推动未来社会的发展，寻找能够最大限度发挥作用的受力点就成了我们要面对的最重要的课题。本书就是针对前文中所提到的问题，通过对过去和现在的中韩关系进行全面、彻底的剖析，试着去寻找解决问题的最佳答案。当然，作为一本大众读物，本书不会一味地从学术角度出发去深度剖析历史问题。能够让中韩两国的广大读者认同从这样的出发点去认知中韩关系是相对客观的，是我最大的希望。

虽然最近东亚领土问题、资源问题、历史认知问题以及军备扩张问题一度剑拔弩张，险些让过去的友好合作关系无法挽回，但无论是从地缘政治学的角度出发，还是从经济学的角度出发，抑或站在国际关系的角度看待这些问题，我们不得不承认，这些问题根本是无法避免的。换句话说，我们与其一味向往过去那样的安定、共生以及和谐局面，不如以此为契机，重新思考一下，那样的友好合作关系究竟为何能够持续数千年之久。或许我们可以重新拾起对东亚世界有机合作关系的恢复甚至人类实现和谐与共生的希望。从这样的角度出发，如果本书能提供引起人们重新思考的契机，身为作者的我就真的别无他求了。

本书是以我在韩国、中国台湾、日本专修历史学，同时往来于中国大陆、美国等地区进行考察和生活的经历为基础撰写而成的。尽管由于时间和空间的制约本书势必存在一些不足，但在重新审视 21 世纪中韩关系的同时，本书不仅有助于东亚地区各国合作关系的恢复，而且能够引起对世界各个地区合作关系的思考，而这正是我所期待的。出于这样的想法，我也将不断对内容进行补充完善，希望广大读者能够积极地给予批评指正。

目　录

第一章

韩国人眼中的中国式价值观

一、中国的传统价值和现代世界

（一） 中国教化性的文化理念传播至今

根据西方学界 20 世纪末的统计，以东方文化为研究对象的学者仅占全部西方学者的不到 10%。然而最近的统计结果显示，这个比例已经提高到了 30%。且不论统计结果的可信度有多高，这个结果让我们了解到，西方人对东方人的关注程度越来越高，而且西方人的优越主义也在渐渐地缩减。但是，据调查，西方学者的关注点大部分仍集中在经济和政治领域。虽然也有一些学者对历史文化领域很感兴趣，但要掌握东方人的行为方式以及精神构造，必须先要了解东方人的价值观，而对这一领域感兴趣的学者却是凤毛麟角。不过，或许我们东方人与西方人一样，对于自身价值观中存在的优越性和内力根本无法察觉。而其中的原因，与其说是因为不关心，倒不如说是由于它们本身就是与生俱来的价值观，同时也是在文化体系中自然形成而非刻意设定的。

我们自己自不用说，西方人也有必要体会东方价值观的精髓。19 世纪以来一直统治世界的西方人已经清楚地意识到，以帝国主义的思维方式已经不能继续实现人类的和平与共生。虽然“霸权主义”这种表达方式仍在沿用，但是人们清楚地看到，霸权主义时代已经过去了。早期仅仅在东亚少数的有认知的国家中展开的民主化运动，现已扩大到全世界范围；受帝国主义或者说是霸权主义统治的形态已经无法继续维持，全人类已经明确地表达出了这样的意志。

在这样的形势下，有着数千年历史的中国式价值观渐渐成为整个东亚的价值观，可以说是从经济、政治、社会发展等各个方面向全世界证明着其本身拥有的真正的价值。也正是因为如此，作为东亚人德行之源泉（根本）的中国传统价值观在宏观上是怎样形成的，在时代发展的过程中它的意义又经过了怎样的变迁，还有在现代化的今天要怎样发扬这样的价值观才有助于人类的和平与共生，这些将成为今后人类谋求和平发展的背景和基础，所以是至关重要的。

与此同时，在微观上，对中韩两国的亲密性和共通性，以及未来作为亲密伙伴必然的也是命运的关系的探讨也将成为衡量中国传统价值观是否能在 21 世纪世界核心地区发挥作用的重要标准，也是明确这样的价值观究竟对现代世界有着怎样的意义的重要契机。

这样的中国传统价值观在汉末、三国、南北朝、隋唐五代、明末清初逐渐显现出来。它在经历纷争时代和以北方民族为主的统治的王朝时代的同时，尽管在地理上、历史上、民族上、语言上都存在着一定的差异，但仍然从两千多年前秦始皇统一天下后一直流传至今。这也是中国能够保持“一个中国”的最根本的原因。

这样的价值观产生了“只有一个中国”的思想观念。在其他的国家，比如韩国、日本、德国、意大利、法国等，虽然它们也是“一个国家”

的思想，但是它们的这种思想真正意义上成为整个国家所共有的思想是以国民主义为背景、从 19 世纪以后才正式开始的，而与中国从两千多年前维系至今的这种思想是有一定的差异的。也就是说，中国的"只有一个中国"的思想意识是历史性的、传统性的。而《诗经》和《楚辞》、《论语》和《孟子》这样的中国古代经典名著则是中国文化大传统形成的基础，产生了"只有一个中国"的思想观念。

那么，中国文化大传统的本质又是什么呢？如果要用一句话概括的话，那就是历经王朝的更迭，在被北方民族统治的过程中形成的强烈的中华文化的"复原力"。通过这样的"复原力"，中国逐渐形成了持续性，蓬勃发展至今。

埃德温·赖肖尔（Edwin Oldfather Reischauer）、费正清（John King Fairbank）等美国学者都曾经有过这样的见解，虽然宋之后的契丹、女真、蒙古、满族等少数民族纷纷建立了王朝，成为皇帝和统治层，但中国仍然是统一的状态。延伸开来，文化和社会的体系也形成了全一性，不管是汉族还是少数民族，都在努力传承着同样的文化传统。

同时，经济学家约翰·理查德·希克斯爵士（Sir John Richard Hicks）认为，正是中国文臣官僚制度的成果让这样的传统得以传承，而支持它的监察制度、晋升制度、新人录用制度等制度的存在，也是重要的原因之一。这样的国家在历史上除了中国还有埃及，而这样的观点就成了韦伯定律。

对此，新马克思主义的倡导者，英国经济史学家伊懋可（Mark Elvin）从农业经济史的角度，通过"高位均衡陷阱论"对中国文化传统进行了分析。伊懋可认为，所谓的"高位"，就是指中国的经济主要是靠资源，特别是广阔的土地带来的相当高的生产效率来推动的，而从古代流传下来，又经过了不断改良的传统技术的使用则是生产效率较高的根本原因。也就是说，19 世纪以前，完全没有国外技术的引进。不仅是农业方面，其他方面如绢、木棉等织物业，陶瓷器等窑业，建筑、土木、造船、制铁等工业，以及绘画、制作、书法、工艺等艺术方面的发展情况都相差无几。虽然佛教以及 16、17 世纪耶稣会的传教士们也带来了一些新技术，但是并没有什么太大的意义。而所谓“均衡”，就是在中国的经济环境下，人口需求达到饱和的状态。但是在“均衡”的基础上技术带来的最大生产量，也只能使经济勉强能够支撑人口的生存。所以越是达到了这个人口平衡点，人均能够使用的剩余就越少，即便是把潜在的可生产盈余最大化，也无法发挥作用。正是因为这样，历代中国政府都会在人口即将达到这个均衡点时对人口的增长进行遏制，使人口数量能够保持在平衡点以下。“陷阱”是指不使用近代技术而只依靠传统技术无法带来可以超越平衡点的潜在剩余的局限性，而这个“陷阱”只有在人口、技术、资源长期达到平衡的顶点时才能显现出来。

虽然伊懋可认为中国在 19 世纪已经掉进了“陷阱”中，但是中国人民在过去时刻保持着对技术革新的紧迫感，春秋战国时代、宋代等时代的交替就是很好的例子。中国一旦克服近代化所需要的科学技术，必将在很短的时间内从陷阱中摆脱出来。

在中国历史发展的方面，虽然伊懋可并未言及社会发展的其他领域，对比如国民意识、社会价值观以及政治文化等方面都没有进行充分的说明，但其对于中国文化的作用的认识，从现代中国的发展情况来看，不得不承认还是很深刻的。

在汉语中，文化的含义是“不利用武力或是刑罚等暴力、威力使人民服从”，换句话说就是教化人民。把英语的“culture”、德语的“kultur”翻译成我们使用的现代语言中的文化（可升华为文明）是有很大的差别的。我们现代意识中的“文化”的概念比“文明”要浅显些，而中国所谓的“文化”的意义要比这种概念更加沉重些。而汉字和汉语、帝王制度、律令制度、儒家思想、大乘佛教等则能够充分地代表中国文化的本质。

中国文化是东亚文化的营养源。它在保持着三重四重的同心圆形的朝贡关系的同时，在东亚世界以“德化”“教化”的形态不断扩大，形成普遍化的局面。这样扩展开来的构造形态被称作“皇帝→臣下→庶民”“中央→地方”“中国→外国”的形式。

受这种中国文化的影响，在任何一个时代的任何一个地方都会形成“中国社会”（唐人街），并且让当地人也接受这种文化。这种“中国文化大传统”通过各种途径和手段向周边国家传达这种中国人自己创造出来的高层次文化，教化周边国家，并依此为基础，发扬和平与共生的德治思想，使得相互间的协作友好关系得以传承，经过了数千年的历史一直维持至今。

（二） 西方国家对东亚认知的变化和对东亚人的态度

作为纠正了世界经济史上的重大错误的学者，保罗·贝洛赫（Paul Bairoch，1930—1999）否定了一直被延续的西方对东亚的主宰是从近代开始的神话，指出直到19世纪，东亚还是世界经济的中心，并证明了这一点。他提供的全世界国民生产总值（GNP）统计报表显示，18世纪50

年代末期以前，全世界 GNP 为 1 550 亿美元（按照 1960 年的美元汇率标准），其中亚洲占 77%（约 1 200 亿美元）。不仅如此，到 1860 年，全世界 GNP 为 2 800 亿美元，其中除日本以外的其他亚洲国家占 60%（约 1 680 亿美元）。他指出，1800 年中国的人均 GNP 为 228 美元，而英国和法国的人均 GNP 仅为 150 美元和 200 美元，明显低于中国。

1400—1800 年是西方世界的膨胀期，安德烈·贡德·弗兰克在他的著作《白银资本》（*ReOrient*）中提出了“在这个时期，东亚仍旧是世界的中心”的观点。当然，主力仍旧是中国。中国虽然地大物博但摒弃唯物论深陷唯心论，东亚的知识文人们的唯心论让他们忽视了文明科学论，最终导致其世界领先的位置被西方世界夺走。

然而现如今，学者们重新开始关注东亚，并预测 21 世纪将是东亚时代。也就是说，19 世纪被西方夺走的领导权将重新被东亚夺回。作为东亚主要势力，有“亚洲大龙”之称的中国与有“亚洲四小龙”之称的韩国、中国台湾、中国香港、新加坡，正在以迅猛的发展让包括美国在内的欧美国家以及 19 世纪以来一直以西方国家自居的日本重新认识东亚世界。

因此，进入 21 世纪以后，无论西方人如何推测促使东亚各国（地区）飞速发展的原动力究竟是什么，全世界对东亚的关注再次达到了高潮，这也是西方国家不得不面对的现实问题。换言之，在目睹东亚各国（地区）迅猛发展的同时，是否对那些直到现在还持有的“正在发展的欧美地区”“落后的亚洲地区”等极端的观念进行重新审视和剖析，即将成为欧美人面临的新命题。对于这种境况，进一步说明如下：

目前的东亚地区表面上正在努力谋求实现相对的和谐和共生，而内部则在政治、军事、经济等方面面临着巨大的矛盾。对于如此动荡的局势，欧美各国认为这是对东亚地区进行干涉和统治的绝好时机。而对此东亚各国也有自己的对策：一方面联合势力，另一方面为了牵制对方不断地进行军备扩张，与此同时也在竭尽全力维护着对外关系。所以，在东亚地区活跃的利害关系之下，为了争夺霸权，以中日韩三国为中心的东亚地区和美国、欧盟三个地区构成相互竞争的体系，21 世纪的国际社会就是在这样的体系之下形成的。

在这样的情况下，美国作为竞争三方中唯一的单一国家，今后仍将继续行使主导权，而欧盟则在维护国际秩序的同时，阶段性地实施实质上的统治，对美国的主导权进行牵制。相比这些地区，东亚地区具有无法预知发展方向的不确定性，处于停滞不前且什么时候会因为什么样的新问题而改变命运都无法预测的状态。也就是没有构成地区共同体的构想，而只是根据地缘政治学方面的条件依靠传统上的实力，有恢复均衡秩序的倾向。与此同时，也在不断地接受着欧美地区经济方面、军事方面、外交方面的影响。

亚洲与近代欧洲的发展轨迹（相互间在多样的文化背景下，根据各自地域上的特点不断发展）不同，东亚各国之间的共生关系对于欧洲人来说想必也是件不可思议的事。因为这是以基督教的个人主义和儒教的家族集团主义的简单公式无法解决的，也无法用任何理论体系进行解释和说明。20 世纪 80 年代学者们曾试图用儒教理论对东亚各国的经济发展进行解释说明，但都没有成功。

由此可见，以西方统治亚洲的标准和方式去观察东亚地区的发展轨迹是无法找到关于东亚方面问题的最终答案的。那么西方元素要以怎样的形态与传统的非西方元素进行结合呢？从这个角度出发进行分析，似乎论点会更加有说服力。从此，西方人对于东北亚地区的看法开始有了转变，也正因为如此，注意力开始集中到了与之前不同的层面上。

随着亚洲金融危机的爆发，国际货币基金组织（IMF）对国内生产总值（GDP）的估算基准变成了购买力平价（PPP），而针对此发表的《世界经济展望》恰恰成为东北亚地区更加引人注目的重要契机。根据当时发布的经济指标，按照旧的估算基准，1985 年持续发展的东北亚地区在世界 GNP 中的比重为 18%；按照新的估算基准，1990 年就已经达到了 34%。根据旧的估算基准，发达国家所占比重从之前的 73%下降到了 54%。这不仅仅是单纯的数字结果，用美元市场的汇率对 GDP 进行换算，也能够充分地体现出当时经济的发展样态。

除了这些问题以外，当时为了获得国际组织特别是援助组织提供的更多的国际贷款，各国政府最大限度地低报了 GDP，加上西方国家通过地下经济活动在 IMF 或是世界银行的统计中对东亚国家的排挤，造成了对大部分东亚国家经济实力过低的评价。

这些事实让世界银行也意识到了应该重新认识东亚地区的潜力，这种态度的转变也成为一直以来主导世界的欧美发达国家转变对东亚认识的重要契机。况且，最新发表的统计数据也让欧美各国更加切实地认识到，东亚地区正在发生着翻天覆地的变化。可以说，欧美人意识中的“亚洲是发展中地区”“欧美是发达地区”的等式将从此被打破。

东亚地区在经济方面和国际政治方面的地位将从此变成与从前截然不同的样态，而这样的局面让欧洲人始料未及。换句话说，迄今为止欧美国家一味地只是依据资本主义的思维模式，以差别化的目光看待东亚地区，不仅丝毫没有注意到东亚地区独特的传统经营模式，甚至根本没有试图去了解其中的意义。

尽管如此，这些并不能说明东亚地区自身不存在任何问题。虽然内外因素的复合造成中日韩三国在领土和历史问题方面意见分歧的淡化，但相互间的交流与合作仍旧无法真正地形成。造成这种局面的元凶就是不肯在历史问题上做出反省的日本。日本在钓鱼岛问题上的主张充分表明了它将丝毫不会放弃对边境统治的意图。围绕钓鱼岛展开的中日之间的矛盾，已经超越情感之争的层面。加上日本政府对慰安妇问题和南京大屠杀等历史问题的全盘否认，说明丧失了良知的军国主义思想仍然残留于其内心，这个不可争辩的事实也实在让人感到遗憾。

中日韩三国之间的矛盾可以说是改善东亚秩序过程中经历的阵痛，但不能否认的是，三国都有着自己的打算。中国想要增强国际话语权，日本则坚持不愿把东亚主导国的地位拱手让与中国，而韩国作为平衡者一方面不断地增强自身的存在感，另一方面在三国竞争的版图当中丝毫也不放松警惕，争取主力地位。因此，所有的打算归根结底都建立在中日韩三国对过去的情感基础上，情感矛盾没有解决的三个国家，由相互之间的关系引发的一系列问题已经影响到了构筑东亚地区的国际环境以及外交秩序，解决这些问题迫在眉睫。

二、以韩国方式接受中国传统价值观

（一） 透过称呼看韩国人的中国—中国人观

从古代开始，韩国人就非常积极地持续引入并传播中国文化与思想。

朝鲜时代刊行的 3 000 余种文集也无一不体现着文人们对中国思想和价值理念的钦慕。韩国成均馆大学晋永美博士在北京大学担任客座教授的三年中，一直在做的工作就是从 1 200 种韩国古典翻译院影印的朝鲜时代文集中筛选中韩关系的相关内容。根据晋教授对文集的分析，朝鲜文人为学习中国思想文化、科学技术、生活方式等倾注了极大的心血。

近代之前，中国价值理念传入朝鲜全部依靠朝鲜使臣团、留学生、留学僧、去往朝鲜的中国等国家的文人和商人等。这些人传来的中国的新信息和书籍，对文化和教育水平有限的朝鲜文人们来说恰似久旱甘霖。因此，只有接收到这些信息的部分文人才能在一定程度上了解中国的信息，一般百姓甚至农村的书生都无法正确把握当时的国际情况。所以，朝鲜人只能通过一部分文人阶层或外来商人传入的信息来理解和判断中国。

普通韩国人对中国和中国人的认识主要可分为三个方面。第一方面是最传统的认识，他们认为中国领土广阔、人口众多、物资丰富，是客观观念中的“大国”。除了这些客观背景，这一认识中还包含着对中国人的尊敬之心。韩国人认为中国人胸怀宽广，有容人之量，并且用人技术超群，擅长抓住并引领人心。这些认识相结合后，韩国人对中国和中国人产生了“大国”和“大人”的认识。但不可否认的是，在通过朝贡册封的中韩交流中，韩国要对中国顶礼膜拜，而这样的外交关系为其认识带来的影响更大。在每年定期朝贡时，各种政治谣言会造成政界动摇，对此感到害怕的普通人认为中国和中国人是“大国”和“大人”这一认识也潜在地积累起来。这才是韩国人将中国和中国人称为“大国”和“大人”的根本原因。

只是，韩国人对中国和中国人这样的认识并非由于压力或武力而出现，而是在中韩悠久的交流历史中形成的，自然而然地使韩国人记忆深刻。由此可知，这样的认识是在中韩关系从古代开始持续至今的过程中形成的观点。

较之第一种观念，第二、第三种观念则是随着进入 20 世纪而出现的新观念。从第二种观点——韩国人将中国人称为“掌柜”这一点可以看出韩国人的观念变化。20 世纪 20 年代后，从大韩帝国末期开始进入韩国的华侨对韩国经济造成了巨大的影响，这一绰号也随之出现。“掌柜”的意思是“商店的主人”，这个词的汉语发音是“zhang gui”，尤其是占华侨主流的山东人习惯在名词后面加个儿化音，所以在“掌柜”后面加上“儿”字，汉语发音为“zhang gui er”。听到这个发音的韩国人在转述这个词的过程中，没有发标准的汉字音，而是发成了更紧的韩国式的发音“짱꼴라”。所以在韩国人的意识中，原本意为“中国饭店主人”的这一名词就变为了指称普通中国人的代名词。

韩国人这样称呼所有中国人，暗示着当时韩国人认为住在韩国的中国人都是富有的社长。从当时韩国的经济情况来看，可以推测出韩国人会这样称呼中国人是因为当时华侨的富有程度之甚是韩国人所无法想象的。这一认识可能来自当时人们认为在中国饭店吃中国菜是最高享受这一想法。直到 20 世纪 80 年代，韩国人最想吃的食物还是炸酱面等中国食品，从这一调查统计即可理解韩国人的想法了。

虽然这一称呼中含有韩国人对中国人的羡慕之情，但不可忽视的是，其中还掺杂着对中国人的反感——韩国人认为中国人只赚钱，不回馈社会，还轻视韩国人。于是，这后来成为大韩民国建立后在韩华侨受到韩国政府歧视对待的原因。

第三种观点，韩国人称中国人为“doe nom”，含有轻蔑的意味。这个词含有两种意思：第一是单纯地来自发音。中国人回答“是”的时候，会说“对”（dui），韩国人认为这是中国人说话时用得最多的单词。虽然韩国人并不知道其意义，但他们模仿其发音，并以其来指称中国人。另一个意义是，中国历代王朝，尤其是非汉族的少数民族王朝，会无理地强制韩国对其朝贡，偶尔还会以武力压迫韩国。这些通过学校教育或连续剧等铭刻在韩国人脑海中，使中国人在他们脑海中留下了“提出无理要求并硬来的人”（赖皮、不讲理）或“野蛮人”的印象，所以这样贬低地称呼中国人。

通过以上三种称呼可以看出韩国人对中国人持有的感情。但笔者认为不必太关注这些，因为这些印象并不是韩国人从本质上对中国人的理解，而是通过表面现象而产生的认识。

这些认识是在过去韩国人与中国人几乎完全无法接触的情况下产生的，所以不是什么大问题。更重要的问题是，当前中国和韩国交流频繁，而韩国人对中国和中国人仍未形成本质的理解。造成这一现象的原因有很多，最重要的还是，诸如外交官、公司派驻人员、言论宣传人员、专门研究员、留学生、旅行社员工等很了解中国的韩国人，都无法使人充分了解中国。并且他们的活动仅局限在和自己职业有关的范围内，在全面理解中国人和中国社会方面处于受限状态。所以，他们单凭自己经历的表面印象来判断中国，并将此狭隘的视角转述给那些只能间接接触中国社会和中国人的普通韩国人，以至于比起过去几乎没有接触的时候，现在韩国人更加误会、无法正确理解中国和中国人。所以尽快谋求应对策略是现在的重要课题。

（二）建交后中国价值理念传播至韩国的途径和问题

接下来，本节将讨论的是，1992 年建交后，中国的价值理念通过何种途径传入韩国和这些途径有何弊端的问题。大体上，中国价值理念传播至韩国的途径可以分为九类。

第一，通过常驻中国的韩国企业员工传播。中韩两国建交以来，韩国与中国贸易量大幅上升，韩国驻中国的企业也随之大量增加。1992 年，中韩两国贸易额仅为 64 亿美元，而 2013 年达到 2 742 亿美元，增加约 42 倍。并且，韩国对中国的投资规模也从 1992 年的 2 亿美元上升至 2012 年的 565 亿美元，增加了 282 倍。在这样的环境下，通过往来中国的企业传播的中国政府的企业政策、企业环境等相关信息相对来说比较正确，但这些员工在理解中国社会方面的基本知识薄弱，关于在中国进行企业活动所需了解的中国社会感情和中国人的心理等方面，带来的信息反而会造成误会。所以，从整体上来说，他们对中国工人的心理、与中国官员的关系、中国社会看韩国企业的角度等的看法很可能是错误的。因此，不能排除这会使希望进出中国的韩国企业员工对中国带有偏见的可能性。

第二，2011 年到中国旅行的韩国游客达到 418 万名，借由这些游客传播的关于中国的印象也对韩国人形成中国观起着巨大的作用。在这一渠道中，韩国人没能正确理解中国形象，这可能是由于亲自看到并感受了中国不发达地区的形象，也可能由于错误理解了未接受正规培训的导游的讲话。

第三，2011 年在中国学习的韩国留学生高达 6.8 万名，占 29 万名在中留学的外国学生总数的 23.4%。但在经验不足和知识准确度不高的情况下，他们在中国的经历和对中国文化与社会不正确的认识，很可能之后对中韩关系造成消极的影响。

第四，通过韩国媒体机构派遣的媒体工作者传播。现在韩国向中国派遣人员的有《韩国每日经济》《韩国经济》《联合新闻》《首尔经济》《首尔经济新闻》《世界日报》《韩国日报》《韩民族日报》《首尔新闻》九家报纸和韩国 YTN 电视台等共 14 家媒体企业，此外还有杂志社派遣的记者等，派遣人员为数众多。并且作为从事大众传媒的人员，他们的影响力无疑是巨大的。因此，借由媒体从业者的中国价值理念传播，影响力要高于其他途径，所以记者们对中国的正确判断非常重要。但由于不具备对中国历史与文化的基本理解，他们只报道中国实际中出现的表面现象，却无法正确把握中国的内涵，只停留在传播眼前片面内容的层次上。这是造成韩国人对中国抱有偏见的一大原因。对此，笔者认为需要对媒体工作者施以完整的教育。比如，某知名日刊记者曾用“丧家之犬”一词来描述中国佛教法会，虽然不知道该记者何出此言，但这篇报道过于主观，并没有挖掘到中国佛教的真正面貌，而是只看到了表面现象。此类现象不胜枚举，因此需要对韩国媒体业现状采取相应措施。

第五，通过政府派往大使馆、领事馆、文化院、教育院等处的外交官与职员等进行传播。这些人的专业性无疑是很高的，但他们在工作领域中接触的人非常有限，并且多数情况是只接触到对韩国感兴趣的中国人，因而难以把握中国社会真正的面貌。再加上这些人员的任期有限，频繁的调动也使他们没有充裕的时间去了解中国社会，所以他们很可能对中国带有错误的认识，而这些认识还会反映在国家政策和外交政策方面。从这个角度考虑，就必须要讨论一下他们的任期、确保专门领域的专业性和对中国社会调查分析的必要性了。

第六，由与中国学术交流频繁的学者、研究者们来传播思想价值，也令人忧心。这些学者、研究人员中虽然也有一部分汉语水平不错，但大部分只是在中国研修了半年至一年后就回国了，他们的经历也极其有限。而学者们还会将这些有局限性的经历通过课程或文章传播出去，此类情况令人担忧。

第七，中国朝鲜族在韩国就业或去韩国探亲访友的时候，通过与韩国人的接触来传播自己对中国有限的认识。这些人一直在社会主义社会中生活，因此他们的认识或行为也与韩国这一资本主义社会格格不入。在韩国生活的过程中，他们与韩国人之间产生了种种矛盾，而韩国人通过他们的言行对中国产生了一些误会，问题非常严重。于是，韩国人对这部分朝鲜族的印象，转化成了对中国人的印象。2013 年入韩朝鲜族达 28 万名，其中长期居住者达 23 万名。从数字就可知他们对韩国社会造成的影响是十分巨大的，然而却并没有一项明朗的政策针对性地指向他们面临的问题。韩国国际交流财团只关注并推进对朝鲜族的援助合作交流方面的事项，却完全没有考虑到研究他们对韩国的影响，以及他们使韩国人对中国产生了怎样的印象。未来一定要将这个问题列入改善计划，并提供新的针对性政策。

第八，中国留学生、中国政府派遣的机关工作人员、中国企业派遣的企业员工所进行的价值理念传播，造成的影响也很大。根据 2013 年的统计数据，到韩的中国留学生有 5.4 万名。此外，中国政府派遣的机关工作人员、中国企业派遣的职员等规模也十分可观。机关工作人员和企业职员在韩国接触的外部人员有限，对中国价值理念的传播也受到限制。

而留学生为数众多，并通过打工等活动能经常接触韩国人，所以不可忽视他们对价值理念传播的影响。问题是留学生和在韩居住的朝鲜族一样，也在适应韩国社会的时候遇到很多困难，这也是由于韩国的环境与中国不同而产生了种种误会。在此期间，韩国人也将对中国留学生的印象转换成了对中国人的印象，因此，制定针对此类问题的对策也刻不容缓。同时，留学生对韩国的负面印象也将对以后的中韩交流产生负面的影响，所以需要切实的策略来解决此类问题。

第九，通过翻译出版图书的交流来传播价值理念。我们可以将这一方法看作比其他任何方法都更有效、更正确地传播价值理念的唯一方法。由于出版物的翻译是由当事国执笔，所以内容正确，而出版物作为一种记录也能够长久保存。因此，此种方法具有能够正确传播对方国家价值理念的优势。最近中国图书版权出口量统计表明，韩国是翻译出版中国图书最多的国家。这一合作非常重要，也需要两国政府充分的支持。

（三） 对中韩两国相互确立正确价值观的提议

两国价值理念通过如上多种渠道得以传播，而我们需要分析这些价值理念能否被两国所接受和理解，并且需要考虑改善方案，来解决在这一过程中出现的问题。

第一，依靠教授、研究员、外交官、记者等专门知识分子的传播，最能确定中国价值理念的内容。但问题是，这一阶层人员对两国的理解并不像人们认为的那样深刻。由于专业不同，他们对两国的理解也有所不同，但整体来说，原因主要在于他们对两国历史或文化的理解时日尚短，而历史和文化正是理解两国的基准。当然，虽然这一阶层也能够对发生的情况或变化进行独立分析，并提出理解两国的一些基准点，不过事实上能够正确把握两国真正面貌的情况还是极少。

朴槿惠当选总统后，看似正在谋求能够和中国顺利展开交流合作的策略，但提出的有效正确的意见却很少，从这一点也可以看出其局限性。所以，通过短时间的体制或片面的交流来理解中国，反而会引起问题。考虑到这一点，人们需要更加慎重地对待这一问题。我们要构造一个使每个领域都能够通过持续、规律的交流和共同研究来充分理解彼此的基础。

迄今为止，中韩两国之间举行过很多学术会议，也有很多交换学者到对方国家进行研究。虽然交流很多，成果却并不如期待的丰富。对此，我们要边反思边从根本上考虑应当引入何种系统来得到引人注目的成果。为此，我们要摆正姿态，做好思想准备，不能进行一次性或短期的交流，而是要缔结能够长期持续的交流研究合作关系。

第二，随着中韩经济交流合作更加强化，很多企业之间的往来与投资合作也日益频繁。而与此相比，能够为其交流提供帮助的机制却非常薄弱。比如，所有交流并非直接在工人、商人间展开，而是通过留学生或朝鲜族翻译进行相互交流。如此，人们会在交流中走很多弯路，同时合作破裂的事例也层出不穷。考虑到这一点，也需尽快提供相应的对策。

留学生对对方国家的语言了解比较薄弱，很多情况下无法充分传达意思，朝鲜族则多因为成长的社会环境不同而无法准确把握对方的意图，并且朝鲜族对汉语和韩语都不够精通，这也会使中韩工商企业间造成误会。可以说，迄今为止在中国投资失败的韩国企业均包含在上述情况之中，其后果是造成相互失去信任、谩骂对方的恶性循环，由此产生的负面结果数不胜数。因此，需要筹备能够解决此类问题的法律制度，尽快构建双方能够信任的帮助系统。

有研究结果表明，为使中国今后发展均衡，需要成立约 1 000 万家中小企业。为成功拓展此事业，从地理、感情、技术方面考虑，韩国企业都是最合适的对象。为了这一项目的成功落实，也需要两国政府共同尽早构建出帮助系统。

第三，很多游客到对方国家旅游之后，其所见所闻并不能对其正确理解对方国家提供帮助，反而造成了负面的影响。这一问题主要是由华侨或朝鲜族导游的错误说明而导致的。很多情况下，导游说某些话只是为了缓解旅客疲劳，而游客却信以为真，并以此为依据，将其传达给周围的人，这样很可能会造成对对方国家的误会。所以，需要强化对导游的培训和资格证审查制度。

第四，留学生的问题。问题在于，韩国或中国的优秀学生一般多去欧美留学，不能或难以考上国内大学的学生主要去中国或韩国学习。虽然这一情况最近有所缓解，但仍是主要趋势，尤其是对照逐渐上升的留学生人数来看，这一趋势更加严重，需要快速制定针对此现象的对策。这类现象的弊病在于，韩国学生去中国留学并不是为了在学术上取得成就，而是看好中国的经济发展，希望对就业有所帮助。去留学时他们仅注重语言水平的提高，而学业则马马虎虎。如此，对中国的理解程度也十分浅薄。并且，这也是对方国家价值理念无法正确传播的原因之一。因此有必要对其进行严格管理，并强化对方国家的历史、文化的教育。

第五，由媒体系统的特派员传播价值理念这一渠道也有很多问题。大部分媒体工作人员总是停留在表面现象，只关心并报道能够成为话题的内容，而对真正的内部形象毫不关心，只注重能够吸引大众眼球的事情，所以歪曲本质的危险总是伴随左右。然而，更大的问题在于众多媒体从业者，他们能够将上述视角简单快速地传播到远方，所以需要在国家之间设立协约，以便筹划控制这类问题的标准。通过有关机构每天进行检测并进行意见交换，并以此来交换修改意见也是一个办法，不过这一方法也很可能会引起一些问题，而无法从根本上解决问题，所以需要首先对有关机构的人员进行素质教育。

第六，两国政府的派驻人员传播价值理念时的问题。这些派驻人员非常重要，因为他们对对方国的理解会直接反映在本国的政策上，问题则是他们对对方国家究竟理解到何种程度。派驻人员有派驻任期的限定，并且他们在理解自身领域之外的事物上受到时间和空间的限制，所以对对方国家的正确理解有限。从时间上来看，他们在外的时间较短，语言交流上有问题，并且由于公务繁忙，也无法专门抽出时间来研究对方国家。所以不可避免地，他们只能依靠自己的经历来理解对方国家。而最大的问题是，他们的看法会反映在本国政府的政策上，所以笔者提议确立相关制度，将人员派驻在中国或韩国其中一处直至退休，使其能够比任何研究者都更加正确地了解对方国家。

第七，比起居住在中国的韩国人，在韩国居住的中国人（政府派驻人员、留学生、就业工人等）大多不与当地韩国人交流，只在中国人圈子中活动。长此以往，他们经常忽视对韩国社会和韩国文化的理解，也很可能导致对韩国的理解并不正确。如此，将会对两国关系造成负面影响，并且将中国价值理念传达给韩国人的机会也很少。这个问题解决起来并不容易，在这些人去往对方国家之前，一定要对其进行相关教育。

第八，通过书籍出版来传达价值理念，这是能将价值理念最正确并尽可能远地传播出去的方法。但问题是对此需要一些有效的支持政策。韩国有韩国文学翻译院，它对韩国书籍的翻译和出版提供费用支持等，其成效非常显著。韩国很多作品向世界各地广泛传播，初期以文学作品为主，现在则是将包括历史、哲学等在内的多种题材的主要书籍翻译为各国语言广泛传播，宣传着韩国的价值理念。

中国对出版翻译的支持的实施比韩国稍晚，不过实际上支持的种类要比韩国更多更丰富。据笔者所知，中国支持翻译的有三个机构，分别是“中国图书对外推广计划”（CBI）、国家新闻出版广电总局的“经典中国国际出版工程”和国务院的“国家社会科学基金项目”。这些机构各自具有其特殊业务，在将中国的价值理念广泛传播至韩国乃至全世界的工作中起到了巨大作用，2012 年诺贝尔文学奖由中国人摘得桂冠也是这一支持事业的成果之一。不过问题是，开展工作最多的“中国图书对外推广计划”只提供翻译经费的支持。它对中国图书在各国的推广的经费支持力度不一，其中在韩国推广的经费支持金额太少所以基本没什么成效。由于出版费用得不到支持，翻译费也不足，所以很少有出版社表示要出版翻译书。虽然这也和韩国出版界的萧条有很大关系，不过无论如何，为了翻译作品能够顺利出版并由读者阅读，接受方也应当根据对方国家的情况给予出版费用和翻译费用的支持。

综上所述，随着两国交流的扩大，价值理念也通过更广泛、更多样的渠道进行着传播。不过传播只停留在形式上，传播错误或错误理解对方的价值理念的危险性依然很高。为改善这一情况，有必要出台相关制度和政策，使两国的价值理念得到实质性的传播和理解，更有效地达成交流协作。

第二章

中国文化是韩国文化的起源

一、韩国文化必须以中国文化为背景去理解的原因

近代社会以来，随着以欧美西方国家为中心的世界秩序的确立，把握国际动向，了解西方世界代表思想固然重要，但仍需从中国文化出发，来理解韩国文化，其理由一言以蔽之便在于：正如韩国人无论如何也无法摇身一变成为西方欧美人，韩国文化也始终是植根于东亚文明圈（中华文化圈）的。因此，我们有必要将韩国文化放在这一个大环境下，以中国文化为背景去理解韩国文化。举例来看，民主主义作为西方世界的产物，并非源于中国或韩国，当论及中国和韩国近代化、民主化进程时，通常认为只需将其与西方近代化进程相联系便能理解，可殊不知这种观点本身是错误的。

通常，我们需要思考这样一个问题："历史与文化如何定义现在的我们?"只有这样我们才能够开展对历史的反思，才得以凸显强调本国历史与文化的重要性。

但是一直以来韩国社会都忽视了在历史与文化中的韩国的定义，毫无依据地自诩其历史与文化的优越性，"世界之中，唯我独尊"的自我中

心主义倾向明显，这已成为一个非常严重的问题。面对这一问题，应尽快摒弃这种唯我独尊的看法，客观把握韩国的历史与文化，科学认识“历史与文化中的韩国的定义”。只有从这一视角出发，才能够更好地研究了解韩国本国的历史。

那么，科学认识历史文化的意义何在？它使我们认识到应避免善恶、优劣等主观价值判断，客观认识真实的历史事实。同时，它也能够帮助我们更好地发现并掌握一些在历史发展长河中呈现出的客观规律。

迄今为止，韩国学界不断试图从韩国历史发展过程中寻找“奴隶制社会阶段”“封建农奴制社会的产生与发展阶段”“近代资本主义社会发展阶段”等来总体概括韩民族历史发展过程，但与日本、中国学界比较来看，相关研究仍相对缺乏。尽管这与韩国本身存在断层，很难得出结论这点不无关系，但相信今后只有这类研究不断持续，才能从某种程度上克服对韩国历史文化的主观误读。

为克服这种唯我独尊的主观历史观，现今韩国学界一直努力在韩国历史中探寻历史发展的客观规律，但无论是从民主化发展进程来看，还是从垄断资本主义统治等抽象的线索来看，试图从世界史角度理解韩国的历史文化，寻求历史发展的客观规律的研究进程仍相对滞后，并未提出建设性的结论。

因此，应尽快理解历史中的个别具体事例，通过这些具体事例间的内在联系来探寻其与世界历史中个别代表事例间的相关联系。也就是说，在韩国的历史文化中同样存在着一些个别具体事例，它们并不能够简单从韩国本身相关领域进行解释。即便从韩国本身历史文化的角度对这些具体事例做出了充分解读，可若忽视了它们与世界历史文化间的关系，同样难以全面地理解这些问题。因此，如果排除了与世界历史文化的联系，很难全面理解韩国历史文化。例如，资本主义的生产制度加速了韩国近代史的产生，而这一技术起源于欧洲，韩国是在与中国、日本等东亚强国开展政治、经济交流的过程中逐渐引入并实现这一制度的。在对这段历史的理解过程中，若排除其与欧洲史、东亚史的联系，则无法理解韩国近代史。

这一问题不仅仅局限于近代史，在之前的历史进程中同样能够寻得其踪迹。因此，在理解近代之前的历史问题上，同样不能将眼光局限于韩国本身历史文化的范畴，需要将它置于中华文明圈这样一个大环境中，从历史发展的脉络趋势来考察理解韩国历史的展开过程。

在这一点上，我们同样可以提出另外一个疑问：在对韩国近代之前的历史文化理解问题上，为何我们仅从中华文化圈，即东亚世界的范围来理解它，而不将它看作世界历史文化中的一部分？这主要是因为在近代之前，地球上对于事物的观念并没有达成一个统一的认识，世界被分割为各个不同的小世界，且它们呈现出并存的态势，如地中海社会、欧洲世界、东亚世界（中华文化圈）等。在通信、交通并不发达的当时，它们之间几乎不存在任何交流沟通，固守自身领域的文化与传统。

将东亚世界称为一个独立的小世界主要基于以下几点：其一，东亚世界并非是一成不变的，而是不断发展变迁而形成的历史产物；其二，在人类发展历史上，统括全人类的广泛的世界概念是到了近代之后才出现的；其三，在东亚世界中，不同国家王朝更迭、兴亡盛衰的过程，与世界历史上地域性的小世界兴衰存亡、融合并存的特点如出一辙。因此，韩国等众多存在于东亚世界的民族、地区所拥有的独特文化，都应同它们所处的这一地域环境的历史变迁相关联，在东亚文化圈这一范围内对其特征进行考察。

因此，我们没有必要从世界史的角度来理解近代之前韩国历史发展的客观规律，也不需要将世界史的客观规律强加于韩国历史。但这种背景下的研究，很容易陷入认为对中国文化的接受是“高等文明向低等文明入侵”的误区。如认为韩国派往中国的遣隋使、遣唐使是为了接受其文化。这一想法认为，韩国为了达成文化的同一性，抛弃了原本文化中特殊的具有自身特点的东西，而这无疑是十分危险的。这一问题不仅局限于古代与中世纪，同样存在于近现代社会中。应摒弃认为文化接受是“高等文明向低等文明入侵”的观念，寻找韩国文化中所特有的现象，并将其放在历史发展的客观规律中进行探讨。

为了实现这一目的，在考察韩国历史文化的形成与发展特征时，将其与中华文化圈的发展变迁相联系，便又呈现出以下两个问题：其一，是否能够从中华文化圈中寻得韩国文化？汉字作为中华文化圈中的通用语言文字，在中国、韩国、日本、越南等众多国家和地区使用，那韩国的文化现象是否属于这一共性的文化现象？其二，若韩国文化属于中华文化圈，又该如何探寻韩国特有的文化特征？韩文、高丽瓷器、金属活字、泡菜文化等，是否还能够视为韩国所特有的文化？

若认为韩国文化属于中华文化圈，则第一个问题便迎刃而解，而第二个问题却陷入逻辑死循环。第一个问题，既然汉字文化作为中华文化圈的一个主要特征，那韩国的汉字文化自然而然地便可以理解为中华文化圈中一个普遍现象。但第二个问题中，要明确解释韩文等事物作为韩国的固有文化具有独特的特点存在困难。若说明这些事物只存在于韩国历史上，必将受到学界大多数的反对。因此，必须在中华文化圈范围内，将这些韩国文化与其他事物进行比较，才能证明其作为韩国特有文化的特征。

可在这一过程中又会浮现出一个问题，即在中华文化圈这一东亚世界范围内，应该如何解释中国的历史文化一直位于核心地位这一现象。当然对于这一问题的解释，并不单纯止步于“因为东亚世界是汉字文化圈，所以中国在中华文化圈中占据核心地位”的说法。东亚世界的形成并非来源于所谓汉字文化的文化现象，即文化自身的传播影响，我们应当注意到在这种文化现象背后，为其提供坚实基础的这一世界中的政治体系，即册封制度。

所谓册封制度，是指以中国王朝为权力中枢形成的一种政治体系。册封制度影响范围的不断发展扩大，形成了以汉字文化圈为主体的中华文化圈，这也导致了东亚地区各国必须学习了解中国历史文化，才能够发现寻求本国文化特点的局面。在这种国际政治体系影响下，中国的历史文化必然与韩国的历史文化相互作用、相互影响。因此，我们需要深入细致考虑这种影响作用所具有的意义。

我们若要了解现今中国，需要追本溯源，将时间上溯至古代，学习其历史文化，可这同样是出于了解韩国自身原始模样的目的。换句话说，在对韩国历史进行世界历史性的探究时，这种学习是不可避免的。

那么，我们学习中国历史的意义何在？难道是为了以史为镜，从中吸取经验教训；抑或古为今用，从中寻找未来行动的指导纲领？显然都不是。历史不过是一帧一帧突发的影像的连续拼接，欲从历史中投射现实，从理论层面来讲是站不稳脚跟的。

对中国历史文化的学习，事实上是试图将个别的代表性历史事件与现今社会的个别事件建立联系，以寻求其中蕴含的历史客观发展规律的一种方法。因此，为了更好地学习了解中国历史文化，我们首先需要明确“谁为何学习什么”这一基本问题。换句话讲，即需要深思中国历史文化是如何存在的，它的存在对我们而言具有何等意义。这样，我们才能够更为具体地将其定位，并根据其具体定位进行自我反省，并运用于未来的发展过程中。例如，中国历史文化的学习方面，以中国人和韩国人为学习对象而进行的学习内容和史实考察，尽管存在一些共性成分，但由于现实中中韩两国具体社会存在形态的差异，在与现实社会的相互关联方面，决不能将两者毫无差别地视为一体。同样，中国人在学习韩国历史文化时，其对文化的理解与接受方式必然与韩国人存在差异。这种差异并不仅仅局限于本国人与外国人间，在现今的我们和过去的我们之间同样存在。

为更好地明确这一点，历史交涉和历史比较的研究视角可谓是探讨中国历史文化的好方法。所谓历史交涉研究，即透过具体的历史上的交涉来看问题；历史比较视角则并不限定于具体的交涉史实，而以两国间政治体制、社会结构、文化现象等作为比较对象，开展研究。

具体来看，历史交涉研究以历史发展过程中中韩两国间关系发展为核心，通过两国的社会交流（如遣隋使、遣唐使的派遣，派往唐朝的留学生与留学僧，以及宋朝与高丽、明朝与李氏朝鲜的贸易通商等），把握中国对韩国产生的影响。其中，文化交流史研究是通过考察中国传入韩国的文化产物（如纸张、活字、瓷器、山水画、书法等），研究其对韩国特有文化产生所提供的背景的一种视角。

历史比较研究则是在对中韩两国历史文化进行比较的基础上，从中总结提炼出两者历史文化的共性与特性的一种研究方法。法制史领域中“中韩两国律令比较”、文化史领域中“中韩两国科举制度的比较”都是历史比较研究的不同视角。

但历史比较研究方法论自身存在一定的局限。在选取特定历史阶段比较对象之时，我们首先要解决“为何要选取特定区域的历史作为比较研究对象”的问题，可历史比较研究方法论中并没有充分的理论依据来支撑这一论题。这一局限不仅存在于以中国历史文化为主体的比较，在欧洲史等其他人类历史比较研究中同样也难以避免。另一局限在于根据比较进行两者的区分这一点。现在的比较仅仅止步于说明两者间存在一类现象，且这种现象逐渐增多时，两者间便具有共性，却不能指出两者间具体的联系。为了考察韩国的历史文化而研究中国历史文化，即便证明了中国历史文化的研究在对韩国历史文化的考察中并非处于次要、附属地位，也无法说明两研究相互依存、不可分离。

我们需要从世界史的角度出发，学习具有同等重要地位的中国历史文化，否则想要更好地了解韩国历史文化，无异于纸上谈兵。这里所谈的世界史的视角，并非广泛的全人类世界史，而是前文所提及的在步入此阶段前的东亚世界史。因此，在这一问题上，对当时东亚世界的认知，对其形成及变迁过程的理解就显得至关重要。

随着对东亚世界历史文化的理解程度加深，对韩国历史文化的理解也将随之增进，取得更丰富的研究成果。对韩国历史文化进行研究，需要将中国及其他周边国家的历史文化研究放在同等重要的位置，给予共同的关注。从这一视角理解韩国的历史文化，即使在东亚世界政治格局解体的今时今日，我们同样能够发掘印刻于我们民族记忆中的东亚世界的特点，并回顾还原这些特点。

这使我们重新认识到，在未来世界的发展过程中，加强与周边国家联系的重要性这一现实性课题。我们应不断与周边国家加强合作，共同发展，同时谋求未来发展型战略关系，构建高层次、全方位的战略合作伙伴格局。

最后需要考虑的问题是韩国对自身处于汉字文化圈和中华文化圈这两个不同领域所持有的情感是不同的，由此可能导致不和谐感和抵触感的蔓延。尽管在韩语中存在着一些汉字词，但是无论从韩国文化与中国文化的表现形式上，还是从其中所蕴含的韩中两国人民的情感上来看，两者都并不统一，存在差异。但韩国文化的特性是在与中国文化相互碰撞的历史过程中逐渐形成的，中国文化本身也伴随着历史变迁不断变化发展而来。在这样一种历史变化的过程中，不和谐感与抵触感正是由于意识到两国文化间所呈现出的一些相互违背之处而引起的。但需要引以为戒的是，若从这种不和谐感与抵触感出发理解两国历史文化，不仅难以理解中国历史文化，最终也会导致对韩国历史文化产生误解。

二、韩国文化对中国文化的接受活用

一个民族或地区内一时的繁荣昌盛并不能够成为此民族或地区的文化。所谓文化，必须是一个民族或地区内长期的、持续的传统。从这层概念上讲，东亚文化具有这些特性，因此能够被称为东亚文化。在东亚文化形成的过程中，中国在其中占据着核心地位，推动了东亚文化的形成发展。那么我们又面临着一个问题，即是否能够将所有隶属于中华文化圈中的国家文化理解为中国文化的分支。

这种看法是西方学界对韩国文化所持有的普遍态度。他们认为韩国文化不过是中国文化和日本文化中的一个分支，甚至一种变形，但这无疑是对韩国文化的一种误读。在阿诺德·汤因比的著作《历史研究》中，针对第二次世界大战前夕逐渐趋同化的西方文明的危机意识，作者推翻了之前学界以国家为单位进行历史研究与叙述的一贯视角，果断采取按照文明单位对历史进行解读。作者耗费 40 余年，最终完成了这部共 12 卷本的鸿篇巨制。在这部卷帙浩繁的《历史研究》中，他将韩国文明归属于日本文明下的一个分支进行论述。可在其去世 3 年前，即 1972 年，当他再次对这部巨著进行缩写之时，他将韩国文明独立划为 28 个世界文明中的一个新的分类，进行了再解读。尽管阿诺德·汤因比在去世前赋予了韩国文化独立性，但迄今为止，西方学界对东亚文化的看法，普遍仍难以摆脱之前的视角。

现今有一部分西方学者逐渐关注东亚传统文化的有机特性，但大部分学者仍将东亚传统文化解读为“周边的创造”，即以此来统称中国周边国家地区，如韩国、日本、越南等地产生的文化成果。

为了克服这种偏见，在针对韩国文化的研究中，应秉承如下思想设定研究方向：“在对外来文化的接受与实现其本土化过程中探寻韩国特色的活用。”因此，首先应当考察韩国文化的形成过程与外来文化的相互关系。韩国文化是对朝鲜民族悠久的历史岁月中不断沉淀升华而来的历史经验的概括总称。它并非一成不变，就像新罗文化、高丽文化、朝鲜文化三者互存差异，任何一种文化都无异于一种具有活力的生命体。例如在朝鲜时代，统治阶层士大夫的两班文化（官僚文化）与被统治阶层的庶民/平民文化（民间文化、表层文化、基层文化）并存，可两者相互区别，相互对立，难以寻得两种文化之间的共性。如此，在众多文化中，既有源远流长、延绵至今之类，又有断层消亡、石沉大海之类，还有日新月异、蓬勃发展之类，即使它们共处于同一时代，也难以将它们归于共同的文化结构。

那么外来文化究竟对韩国文化产生了什么影响呢？一言以蔽之，即巨大的外部刺激推动了文化的形成与产生。换句话讲，则是外来先进文化造成的影响越大，其带来的文化冲击也越广泛，由此为诱发新文化产生与发展提供了契机。但不能因为韩国文化中混杂着多种外来文化元素，便将韩国文化形容为“混种文化”。只有不断与外来文化进行交流，不断充实完善本国文化，才能够确保文化永葆生机。百济文化明丽简练，新罗文化饱含民族特色，朝鲜的白瓷也通过壬辰倭乱展现出了韩国特色的格调与美学品味，被称为韩国美的集大成之作，透过这些我们均可以体会到韩国文化的特点与魅力。

在古代国家建立与古代文化形成的过程中，外来文化的影响也不容小觑。例如，尽管扶余早已具备建立古代国家的内部条件，可直至秦汉势力进入辽东之时，才真正建立国家；高句丽时期汉四郡中的乐浪一直以来作为传播汉朝文化的窗口，可同样也是在高句丽时期将乐浪划为属地后（公元 4 世纪初），才开始向朝鲜半岛全域传播中国先进文明。

作为外来文化的中国文化，其文化中的佛教经典、律令制度、各种先进技术、政治思想、文化理念等在两千余年间源源不断地传入朝鲜半岛，对韩国文化的形成发展再创造产生了不可估量的影响。除此以外，在统一新罗时期，中亚地区（西域）文明经中国唐朝，最终得以传入朝鲜半岛；在蒙古（元）文化政治统治下，韩国传统饮食、服饰、鞋帽、风土人情均受到了蒙古文化的影响，可谓古代的“汉流”。特别是当时传入的伊斯兰世界的科学文明打开了朝鲜初期数学、天文领域研究的大门。在明清时代传入的西方科学文明更导致了朝鲜实学运动，为当时社会的自我觉醒与自我批判提供了基础。

但应当注意的是，并不能单单因为韩国文化是在这种外来文化冲击下产生创造而来，就将其视为外来文化的分支。世宗大王仿造汉字的模样创造了韩国特有的文字——韩文，而契丹、女真和党项族等其他民族在成立了独立王朝后，为了维持自身游牧民族文化，发明创造了自身民族的文字，却因为以汉字为原本，最终难逃消亡的命运。

因此，与其将韩国文化称为世界性特点突出的文化，不如将其称为传统文化遗产更为贴切。韩国文化是在过去的影响下持续发展至今，在外来文化传入后，若并未得到持续发展，未在相关领域引发连锁反应，便不可能发展成为今日的韩国文化。也就是说，韩国文化是将存在于某一时期的文化自然而然地或有意地发展再创造而来的产物。如韩国文化中的书法便是自然而然发展延续而来，现已失去其使用价值，仅作为一种艺术形式而存在；而像摔跤、跆拳道、四物游戏等，则是人为地、有意地对原有形式进行再创造发展而来的韩国文化中的代表。从时期分类来看，通过这种接受活用过程所呈现的韩国文化有三韩时期的三神思想、巫俗信仰、苏涂祭天，高丽时期佛教寺院中建立的三神阁（主管财产）、农神阁（主管农事）、七星阁（主管生育）则代表了韩国传统民间宗教与佛教相融合的特点。此外还有朝鲜时代的儒教思想，近代以来的基督教思想，以及现代社会中的电视剧、电影、音乐和最近伴随着全球化时代发展而风靡全球的韩流风潮。

总的来看，在理解韩国文化时，我们需要认识到韩国文化在对外来文化进行广泛接受并将其本土化的过程中所呈现出的具有韩国特色的接受活用特点。中国文化作为韩国文化的源泉，对其影响最为深远，我们必须深入了解中国文化，才能更好地将韩国文化区别于中国文化。尽管两者属于同一体系，可其中所体现出的两者各自的特征却截然不同。现今中韩两国间展开的关于端午节、阿里郎起源的无休争论，也能够通过这种处理方式画上完满的句号。韩国文化中如此对于中国文化进行接受活用的例子数不胜数。在本书中，笔者将着重从儒教的传入与接受过程来考察韩国文化对中国文化的接受活用情况。

三、透过儒教看韩国对中国文化的接受模式

传统儒家思想在宋代进入了新的发展阶段，形成了以朱熹为代表的“新儒学”。朱子对新儒学思想进行了归纳梳理，使之体系化。新儒学也称朱子学、性理学，由于性理学中对世界的理解与传统儒家思想存在本质差别，因此将其命名为新儒学。

之前的儒学家将不断变化的世界看作世界的全体，从现象界本身去探寻事物运动的原因。但朱子学中提出世界存在二重结构，即不断运动变化的现象界和形而上学理解下的理的世界。他认为人们在未受到事物刺激时处于静态，而当受到刺激时则处于动态，之后又重新归复于静态，如此反复；同样，在自然界中昼夜交替，寒暑轮回，人的心境与自然均

时刻处于反复的变化中。为了证实这一观点，朱子观人心，阅百书，观察天体运动，研究历法文献，试图找出事物反复运动的规律。他认为一切反复循环的运动均源于“气”，万物的起源为“理”。

在朱子之前，学者根据《周易》中言“一阴一阳之谓道”，普遍认为“在一定的秩序下世界的变化便为道”，而朱子则认为阴阳循环反复运动为“气”，此“气”则为“道”，并由此认为世界是由“气”和“理”构成的二重结构。

“理”与“气”相互无法分离而又不相混杂，不相混杂是指“理”与“气”在时间空间均无法分离，即“形而上”和“形而下”、“绝对价值”和“相对价值”各自具有自身的领域。

朱子学的特征便在于用“气”与“理”的概念来解释“自然”与“心”，并将其形成体系。其中“心”所占据的位置更为重要。“心”由“性”与“情”构成，“心”的本体为“性”，作用为“情”。朱子专注于其中的“性”，并利用“理气论”对之进行说明。他援引《中庸》第一章中“天命之谓性”并解释，将“性”定义为“理”，即人类的本性是“绝对善”，这是成为所有价值根据的本体。

但现实生活中，人们“善”的程度不同，甚至有些人“不善”。对此，朱子认为现实生活中存在的所有事物均为“气”与“理”的“合”，即心的本体，无论以何种方式，都应与“气”建立联系，一旦“理”与“气”得以“合”，事物的本性便得以显现。根据“气”的清浊程度，“善”会显现，同样也可能被隐藏，这些浊“气”可以通过自我修炼和教育帮助找回善的本性，成为圣人。

综合来看，朱子继承了孟子的“性善说”，认为“性”即为“理”，

“理”为万物之源，因此认为所有人均带有善的本性，所以要修养、归反并伸张上天赋予的本性，以达至善，并认为应将这一理论在社会中加以运用。

但是朱子对于“情”这一与“性”共同构成“心”的另一要素，只简单地提及只有发现“性”才有“情”，并未进行系统的说明。也就是说，中国的程朱理学并未将“情”视为一个要解决的问题。但朝鲜对“情”这一问题展开了正式的探讨，这点可以认为是中国的程朱理学与朝鲜的性理学之间的差异，同时这也是朝鲜性理学中具有独创性的理论体系。

真正对这一概念进行系统整理的理论是“四端七情论”。这一理论体系正式提出于 16 世纪，尽管这一理论中的“四端”出自《孟子》，“七情”出自《礼记》，朱子也曾将这两个用语结合在一起使用过，但是无论是在中国还是日本，都未曾将它们正式作为一个学说提出。因此，这也是朝鲜性理学中具有独创性的理论。

尤其是持续了 8 年的“退高四端七情论辩”，最终以奇高峰（奇大升）接受李退溪的见解收场。这场论辩为韩国性理学实现中国程朱理学的本土化提供了坚实基础，为韩国儒家思想的进一步发展提供了良好契机。朝鲜性理学家在关于理气论的论辩之后又逐渐扩展到宇宙论、心性论、修养论等领域。

中国程朱理学在推行强调“修身”的“修己之学”的同时，也宣扬强调“治人”的“治人学”。而与此不同，朝鲜性理学在接受这些思想的同时，更为偏重加强“修己之学”的思想，并试图以此思想为基础，配合朝鲜当时的统治理念，开启新的太平盛世。也就是结合朝鲜的实际情况，将所接受的中国的治世理念融会贯通，因地制宜。

这种根据朝鲜实际情况将中国程朱理学思想进行灵活运用，是朝鲜性理学将中国文化本土化的表现，体现了中国文化韩国化的鲜明特点。从这点来看，韩国文化具有自身的独创性，不能将韩国文化归属于中国文化的分支。

李滉（1501—1570），号退溪，朝鲜儒教的鼻祖。图为李滉的宗宅

第三章

古代中韩两国的有机关系

一、中国的朝贡观念与韩国的朝贡观念

（一）中国的朝贡观念

韩国历史在中华文化圈的范围内发展而来，最具代表性的特征便是汉字的使用。尽管在 20 世纪七八十年代，由于韩国政府推行提倡韩文的政策，熟识汉字的人相对减少，但不能否认的是，韩语中的词语 90%均源于汉字。这一现象不仅仅存在于韩国，在日本、越南等曾经使用汉字的国家中，这是一个共同的文化现象。因此，对韩国历史的理解，是无法脱离中华文化圈这一历史背景的。无论多么纯粹的韩国文化现象，若不与中华文明进行联系考察，都无法获得科学全面的理解。

中华文化圈并非一成不变，它也同样经历着自我的兴亡盛衰和历史轮回。唐宋交替期、被称为“华夷变态”的明清交替期都是中华文化圈内历史交替变迁的最好例证。而所有处于中华文化圈内的各国文化的产生发展，都将受到东亚世界秩序变迁的影响，各国文化的产生发展并不遵循一个固定的模式，而是根据历史的变迁不断变化发展而来。

不了解中国历史就难以理解韩国历史的原因正在于此。因此，历朝

历代，无数的使臣与留学生均踏上了前往中国的道路。

中华文化圈指的是包括中国、韩国、日本、越南以及中国东北部地区邻国在内的巨大区域。在这一区域内形成了以中国王朝为核心的政治体制，即册封体制。在这一体制下，各个国家受中国的管制。而这一政治格局的背后，起到支撑作用的制度便是册封制度。

需要注意的是，尽管这些国家隶属中华文化圈，国家的历史发展直接受到中国的影响，但在这些国家的发展过程中，同样具有自身历史发展的特点，这一点不容忽视。例如在这些国家所处的地区，同样具备自身的文字、思想与制度，对这些有自身特点的具体现象进行了解后，也能够帮助确认其所属共同文化圈的共性。这与要了解一个国家的特性，就必须要认识到其属于共同文化圈的共性这点是相辅相成的。

中国王朝在对中华文化圈进行统治管理的问题上采取“分离的理论”和“统一的理论”两种理念。其中“分离的理论”为“中华思想”，即“华夷思想”，而“统一的理论”则为“王化思想”。

所谓“中华思想”，是一种以中国古代王朝为世界中心，认为中国古代王朝是唯一优越的存在，而将其他周边民族统称为夷狄的理念。中华思想中，对于周边民族国家，按照四方理念分别称为东夷、西戎、南蛮、北狄，以此来划定“华”“夷”之界。即使居住于周边的夷族占领统治了汉族，他们的文化仍不可避免地要受到汉文化的影响，产生同化现象，即任何文化都无法凌驾于中华文化之上。公元 4 世纪五胡十六国中匈奴、羯、鲜卑、氐、羌的历史鲜明印证了这一点，同时，12 世纪的女真族、契丹族，13 世纪的蒙古族，17 世纪的女真族的历史也是这点的最好例证。

但是仅仅通过将周边民族与国家进行华夷区分，并不能够保证对其顺利合理的治理，因此，中国天子认为自己作为“德之圣人”，应通过“德”来影响感化周边民族与国家，以达到顺利统治的目的。这一理念并非通过暴力来支配周边民族，而是通过“四方布德”的方式来不断扩大巩固其支配统治范围。这种王化思想特点鲜明的理念便是“统一的理论”。

正是依据这一理论，形成了中国的统治秩序，而朝贡制度正是这种统治秩序的具体体现。朝贡制度即周边民族与国家向中国进行朝贡，中国向这些民族与国家施以恩德，进行回赐，而回赐内容则根据中国对这些民族与国家朝贡的评判而进行相应调整。

（二） 由外交形式向贸易形式转变的朝贡体系

在中国国力盛极一时之际，这种朝贡制度一直按照中国王朝的先例持续实行。众多朝贡国持贡品朝贡而来，中国按照相关惯例对朝贡国进行排序，依次进行回赐。但随着中国王朝的势力逐渐没落，对朝贡国家来讲，这种朝贡体制已脱离了其初衷，成为一种可以灵活运用的契机。这一转换期始于 10 世纪唐朝灭亡之后，古代中华文化圈统治系统逐渐崩塌。伴随着强大的唐朝的灭亡，中华文化圈中核心权力中枢瞬间崩塌，不复存在，也由此引发了一系列剧变。

周边民族与国家的变化方式呈现出多样的特点。如新罗的国内统治体系开始动摇，最终导致国家分裂，形成了新的国家——高句丽。渤海地区则伴随着西部契丹族崛起，占领统治中国东北地区后，引发了中国五代十国混乱期，五大国之一的后晋归属契丹之后，在中国出现了前所未有的少数民族首领成为君主，而汉族的皇帝沦为臣民的反常现象。这种反常关系一直持续到之后宋朝建立，宋朝皇帝、契丹首领均自称为皇帝，其中宋朝皇帝为兄，契丹皇帝为弟。之后女真族建立了金朝，金朝皇帝为伯，宋朝皇帝为侄；到了南宋时期，宋朝皇帝由金朝皇帝进行册封，出现了宋朝成为金朝臣属的奇特现象。如此，唐朝的灭亡动摇了之前的华夷秩序，以汉族政权为核心的中华文化圈秩序体系也轰然崩塌。

随着中国王朝势力的逐渐衰弱，之前存在于各个地区的具有中国共性的文化也逐渐呈现出各自地区的特点，开始分化为不同地区的特色文化。其中最为突出的现象便是开始出现各个民族特有的文字，并以此为基础，逐渐摆脱汉字文化圈的共性，形成自身独特的文化。例如，日本假名文字的出现推动了国风文化的发展。此外，8 世纪初新罗创造的吏读文字、越南的字喃文字等都是各个地区内发明创造的特有文字。

这些地区特有文化的产生发展，促进了中华文化圈内全新体系的形成。一直以来由唐朝主导的政治秩序（依靠武力的支配体系）的衰亡，也为中华文化圈内国际贸易体系的产生提供了契机。唐朝的灭亡、五代十国间的混战、宋朝的建立，在这样不断激烈变化的社会背景下，经济却一直维持着持续发展。

华北地区的农业之前是以种植谷物为主，发展到了唐朝末期之后，随着小麦栽培技术的发展，逐渐形成了谷物与小麦共同种植，普及了两年三作的种植模式；江南地区也实现了稻麦轮作、一年两作的耕种模式。此外，纺织品、陶瓷器、漆器等商品手工业的繁荣也为市场注入了活力。伴随着市场发展，铸币等经济活动逐渐普遍化，经济社会高速发展，日新月异，不断繁荣。

在军事方面，由于受到契丹和女真势力侵扰，北宋势力南迁，建立南宋，随南宋建国而共同引入的优秀文化与先进知识分子，充分利用江南地区的地理优势，进行经济开发，不断推动经济发展。尤其是随着军事力量的弱化，南宋无法再对周边国家进行有效的支配统治，但凭借在江南地区发展积累而来的强大经济实力，通过开展经济交流，对周边国家实行领导支配，开创了一种新的支配统治体系。如此，中国与朝鲜、日本的贸易关系形成，同时开始与东南亚国家和阿拉伯地区商人进行贸易接触往来，反而拓展了中华文化圈的半径，扩大了其影响范围。

面对这种情况，高丽迅速做出应对，将传统的朝贡关系转变为贸易往来。通过下面的记录，我们可以了解到当时商人间的贸易往来情况。

> 宋朝时期海外贸易十分发达。以通商口岸为圆心，向周边广泛区域辐射影响，进出口货物种类与数额十分巨大。这些特点史无前例，超越之前任何王朝。宋朝是当时世界上最为重要的海上贸易国。

宋朝时期，政府颁布了鼓励支持合法民间贸易的政策。宋朝初期，在广州、明州（今宁波）、杭州均设立了市舶司，在都城东京（今开封）设立榷易院等专门机构管辖对外贸易。为了吸引外资，984 年，宋太宗向 8 名大臣下达诏书，并赏金与绫罗绸缎。

> 命其向南海四方藩国而去，寻香草、牛角、象牙、珍珠、龙脑，各方均持 3 份无名诏书，于所到之处分发。

宋朝时期将其海外贸易扩展至如今东南亚、南亚一带。在这些地区开展海外贸易无后顾之忧，不用担心引发领土争端。但若与高丽开展民间贸易，便不得不考虑辽国势力的影响。正如前文所言，为防止边境密文流入辽国境内，宋朝一直全面限制与高丽间的贸易交流。受到宋辽关系的制约，北宋王朝对发展与高丽间的贸易交流一直犹豫不决，其相关管理机构的设立也相对滞后。

北宋时期，宋与高丽进行海上贸易的主要通商港口，是位于胶东半岛的登州和密州的板桥镇。1088 年，北宋在板桥镇设立市舶司。1083 年，时任密州知州的范锷以密州海外贸易发展状况为基础，上书朝廷要求在密州设立市舶司，并认为“如在板桥镇设立市舶司，笼商人专利中央”。此外，范锷还列举了在密州设置市舶司的六大益处，其主张如下：

> 使商贾入粟塞下，以佐边费，于本州请香药杂物与免路税，必有奔走应募者，一也；
>
> 凡抽贾犀角、象牙、乳香及诸宝货，每岁上供者，既无道途劳费不便，又无舟行侵资倾覆之弊，二也；
>
> 抽解香药杂物，每遇大礼，内可以助京师，外可以助京东，河北数路赏给之费，三也；
>
> 有余则以时变易，不数月有倍称之息，四也；
>
> 旁旅乐于负贩，往来不绝，则京东、河北数路郡县税额倍增，五也；
>
> 海道既通，则诸蕃宝货源源而来，上供必数倍于明（州）、广（州），六也。

范锷的上书被批转至都转运使吴居厚之处，吴居厚对其奏章进行了审议后，做出了下列评价，认为板桥并非通商口岸，无须设立市舶司：

> 如此则制明、广二州已成之法，非浙广江淮数路公私之便。海

道至南蕃极远，登莱东北，密弥辽人，虽立透漏之法，势自不可拘拦。板桥非商业地区……

但“如此则制明、广二州已成之法”的说法完全是杞人忧天，认为板桥镇并非通商口岸的说法也是强词夺理。板桥镇地处胶州半岛，通商港口近在咫尺，时任密州知州的范锷选择板桥镇作为市舶司设立的地点实为明智之选。吴居厚所提出的反对在板桥镇设立市舶司的三大理由中，只有“登莱东北，密弥辽人”可以视为一条正当的理由。可单单这一条理由，却压倒了范锷所提出的六大益处，最终使朝廷做出了放弃在板桥镇设立市舶司的决定。但板桥镇的海外贸易并未因此停滞不前。5 年后（1088 年），宋朝朝廷最终在密州板桥镇设立市舶司，并于同年将板桥镇升格为胶州县。

宋朝朝廷因为对高丽与辽国的忧虑而迟迟难以做出决定，相对于此，民间商人的行动却显得更为果断。政治、军事的风浪也无法阻止商人们的货船。或许也正因如此，从某种程度上来讲，正是商人们的行动推动了宋朝政府最终在板桥镇设立市舶司。

宋朝与高丽间开展的贸易规模十分庞大。宋朝商团的组成人数由几十名到一二百名不等。根据现代学者的相关统计数据，从 1012 年至 1278 年，266 年间宋朝商团曾 129 次到访高丽，共计到访商人 5 000 多人次。商团均有自身的头领，称为纲首，在与高丽朝廷进行交涉时，均由纲首出面。贸易产品大部分是书籍、药材、茶叶、文具、奢侈品等这些满足高丽上层社会需求的物品。在宋朝与高丽的贸易中，茶叶是最重要的贸易产品。派遣至高丽的宋朝使节徐兢曾这样记录：“土产茶，味苦涩不可入口，惟贵中国腊茶并龙凤赐团。”商人们向高丽出口宋朝的茶与书籍，同时将高丽的一些特产进口至宋朝。扇子作为高丽的特产之一，其品种有折扇、白折扇、松扇等。其中尤以白折扇藏于怀袖之间，方便携带，备受宋朝书生的喜好。

商人的目的是营利。宋朝商人们将《华严经》引入高丽并非出于其对佛教虔诚的信仰，同样，商人们将儒家经典介绍至高丽也并非为了宣传弘扬博大的儒教文化。但无论这种行为是有意的还是无意的，宋朝的商人们在促进文化的交流中起到了中介的作用。

宋朝商人所起到的作用并不止步于此。他们不仅对宋朝与高丽间的经济交流和文化交流做出了巨大的贡献，也承担起了促进两国广泛民间外交的责任。在宋朝与高丽被迫断绝了朝廷间正式外交关系后，商人们成为两国间的沟通桥梁。在两国间互达信息，避免了断交造成的两国间信息闭塞，因此宋朝与高丽才并未完全断绝联系。此后，由于商人不断在两国间进行协调，也促进了两国外交关系的恢复。

在辽国与金国强大的军事压力下，宋朝与高丽正是通过商人在其中所起到的中介作用，不断秘密进行民间外交，两国间一度被切断的外交关系也由此得以再度恢复。

南宋时期，正式断绝了与高丽的外交关系。但依靠宋朝朝廷与地方官员之力，商人间的外交活动却更为频繁地开展。商人间的外交活动主要集中于以下两个方面：

第一，传递政治信息。1128 年，纲首蔡世章向高丽传达了宋高宗即位的诏书。1131 年，宋朝纲首卓荣通过奏章向高丽朝廷传达消息，消息中称少师刘光世遣将黄夜叉将兵过江击破金人，金兵横尸遍野，降三千人，其中半数皆为汉人。同时也传达了浙江一带和河北并无战况，皇帝于越州扎营，将建炎五年改称绍兴元年的消息。由于卓荣所带去的消息，高丽王朝也试图重新与宋朝建立外交关系。第二年 2 月，高丽派遣礼部员外郎崔惟清、合门衹侯沈起如至宋朝，向宋朝传达建交之意。

第二，探查金朝与蒙古的政治动向。1135 年，宋朝沿海制置使郭仲荀派遣吴敦礼到高丽打探女真族的情报。1161 年，宋朝右朝奉郎、提举两浙路市舶曾怀献通过商人的报告得知金朝人擅射，但在水战方面却毫无优势可言，遂以此为根据向朝廷谏言，不宜分散兵力，无须在海路过度布防。

如此，在国家间正式外交渠道被切断之后，商人们取而代之，充当起促进沟通交流的角色。商人的活动不仅推动了中国农村经济的发展，而且扩大了中国国内外贸易的规模，促进了其发展。当然，这与两国朝廷的支持与协作是密不可分的。

综合来看，宋朝的军事力量减弱，为了重振作为中华文化圈核心中枢的威严，通过对周边国家的朝贡进行回赐，体现王化思想，从而加强对周边国家的统治。而周边国家则将宋朝的这种统治方式视为扩大本国经济利益的良好契机，因而呈现出积极主动地进行朝贡的趋势。尽管由于回赐会根据朝贡国朝贡物品数量进行排序区分和调整，但高丽一直是最大朝贡国，所准备的朝贡品会获得更为丰厚的回赐品，因此高丽不断提高朝贡使节数和朝贡次数。通过这种方式，朝贡国谋求本国最大的经济利益，因此朝贡制度在历史上也被称为朝贡贸易。我们通过宋代以后贸易的繁荣发展便能轻而易举地认识到，正是商人令这种贸易体制的实现成为可能。而对这一体制进行最充分利用的国家便是高丽，之后的李氏朝鲜也同样如此。通过高丽骤然大幅增加的朝贡使节团人数和朝贡次数，我们便能印证这一点。同样，对此感到应接不暇的中国朝廷限制朝贡次数的做法，也是出于此原因。

二、朝鲜与中国的对外政策

（一）中国朝贡体系范围内的朝鲜与国际环境

在 1894 年中日甲午战争前，中华文化圈的统治结构是由中心向外延伸，即中央（皇帝）→地方（地方官）→土司、土臣→理藩院→朝贡→互市→教化。在这样的统治结构中，包括朝贡国在内均属于中国朝贡体系范畴，而从互市关系开始以外的关系均属于“斥攘”的对象。

虽然这一范围内的国家均与王朝保持一种朝贡关系，但根据其外延性，这种朝贡关系必然存在程度差异。朝贡关系可以分为对内（羁縻）和对外（外交）两种：前者所包含的外延范围止于土司和土臣，即中央集权下统治支配势力能够直接影响到的区域；而后者范围则是从理藩院开始的外延，即具备独立自主统治能力，受到中央集权统治支配势力间接影响的区域。

但对这些地区国家的内外区分并不仅仅停留在情感层面，当这些地区国家受到了来自“斥攘”地区的侵害之时，中国王朝将不再区分对内与对外的情感界限，统一视其为对自身领域的侵犯，从军事力量或经济实力方面对受侵害地区国家进行保护。

14 世纪倭寇入侵之时，这一特点表现最为突出。一般将倭寇分为前期和后期两类。前期倭寇是指 14—15 世纪，以对马岛、壱岐岛和松浦岛为根据地的倭寇。在前期倭寇入侵的这一时期，东亚世界格局处于一片混乱中，可贸易圈却已相对成型。但随着日本镰仓幕府的统治势力被削弱，此贸易关系被暴力破坏，海上恶霸为霸占经济利益开展了一系列海上恶行。他们原本是日本武士，但经过日本南北朝时代其势力逐渐没落，为了维持生计，东山再起，他们开始了掠夺东亚海岸的行径。

当时中华文化圈由蒙古主导，倭寇的入侵破坏了原有的海上贸易系统，动摇了蒙古所推行的经济秩序。蒙古因而向镰仓幕府派遣使臣，要求其对恶意破坏贸易秩序的倭寇进行严惩，但镰仓幕府却拒绝了此要求。对此，元朝联合高丽前后分两次对日本进行了远征讨伐。

但由于气候影响和海上作战经验不足等原因，讨伐战争最终以失败告终，蒙古的强压政策也宣告失败。处于蒙古统治下的高丽，受到了内外双重压力，陷入十分窘困之境，却不得不独自面对这一问题。因此，高丽朝廷派遣使者到九州和对马岛，要求其实行抑制政策，又经过多次对马岛讨伐征战，最终结束了与前期倭寇的对抗。

元朝灭亡后，明朝建立，当务之急便是重新建立东亚贸易圈秩序。为此，明太祖要求九州的怀良亲王扫荡倭寇；永乐帝则向室町幕府将军足利义满提出此项要求，作为其代价，他同意册封日本国王并许诺允许日本与明朝开展勘合贸易的贸易交流。

所谓勘合贸易，是明朝以东亚贸易圈为背景，为了使国际政治关系得以秩序化而推行的国际政治制度的一部分。这一制度规定：明朝向足利义满提供刻有“日本国王”字样的金印和勘合符，由日本驶向中国的贸易船只必须持有勘合符和上表文（盖有金印的文书）才能够进行通商贸易，否则不予认证，无法进行贸易。

通过这一制度，明朝试图重新建立国际政治秩序，而日本幕府也深知其国家财政来源于与明朝的贸易，为了维持财政来源不断努力维护此项制度。在此过程中，大大名与大寺社围绕权力展开了一系列的政治争斗。

随着这些政治争斗的展开，日本正式进入战国时代。日本的“以下克上”导致了战国大名的出现，同时幕府势力也日益衰弱，逐渐没落。在如此混战的乱世，毫无国际思想的战国大名们单方面叫停了勘合贸易，正式中断了明日两国的贸易活动。由此再次引发了中华文化圈的贸易秩序混乱。

伴随着勘合贸易被破坏，日本的战国大名们不得不承受巨大的经济打击，在这种状况下，为了维持自身生存发展，他们只得与地方海岸势力开展走私贸易。但由于在这种贸易关系中并未形成固定的政治关系，进行经济贸易的过程中，难免因为双方均追求自身经济利益，过度维护自身权益而引发贸易纠纷，其结果便导致了海盗（即倭寇）的出现。

这些倭寇中也包含一部分中国商人。走私贸易如雨后春笋般出现，对国家财政构成了巨大威胁，明朝为了打击走私贸易，实施了海禁政策。为了突破海禁，进行走私贸易的商人们均配备了武器，与其进行交易的日本商人也自然配备有武器，由此则呈现向海盗发展的趋势。这些海盗即为倭寇。考虑到这些倭寇是再次出现，为了将其区别于前期出现的倭寇，故将其称为后期倭寇。

（二）日本出兵朝鲜与明朝对外政策的冲突

1589 年，丰臣秀吉终结了日本的战国时代，为了巩固自身统治地位，他突然针对倭寇下达了全面禁令，最终消除了倭寇。丰臣秀吉下达这一禁令的初衷是为了重启与明朝的勘合贸易，但不如其所愿，作为和平共处的条件，明朝只下达了“兹特封尔为日本国王，赐之诰命”的册封诏书，希望将日本重新纳入中华文化圈中。对此，丰臣秀吉认为这是奇耻大辱，难以接受，遂拒绝了明朝册封，并暗自燃起了攻陷明朝的野心怒火。

高丽与元朝的联合军队曾先后两次出兵讨伐日本，但两次均以失败告终，此后元朝便将日本排除在中华文化圈范围之外，不再试图将其纳入中华文化圈内。在此状况下，日本为了寻求自身的出路，开始向东南亚地区发展其势力，逐渐脱离中华文化圈的影响范围。但实质原因则在于，日本战国时代内部势力间混战已持续百余年，日本人只关注如何在竞争中谋求生路，根本无暇顾及东南亚地区内政治经济互惠关系。有些观点认为，或许正是这一点，为日本在后期，相对于其他东方国家更早实现近代化提供了动力。但从战国时代终结的观点来看，国家财政问题以及统一全国过程中的论功行赏问题，战争结束后对社会舆论问题的治理等，根据政治判断均以“征明假道”为借口成为日本侵略朝鲜的理由。

日本出兵朝鲜主要出于以下几点理由：第一，为了实现一个国家的系统化，必须要考虑这个国家的国际关系，因而需要将自身国家的影响与国民统治、对贸易与国际市场的控制以及自身的权力地位等方面与周边国家进行对比考察。丰臣秀吉过分高估了自身的能力，为了显示日本的国际地位与影响力，他把眼光投向海外。丰臣秀吉通过铁炮实现了全国统一，这种对自身能力的高度评价，也来源于对枪炮的无条件信赖。尤其是进行战术开发后，能够更好地发挥铁炮的威力，所向披靡，战无不胜。因此，丰臣秀吉企图通过海外战争来转移国内领主间的矛盾，寻求使军役制度得以正当化的理由，巩固自身的权力，加强自身对国家的全面控制，同时建立举国统一体制，实现对统治权力的全面掌控。

第二，国内战争的取胜，使其获得了海外战争也定能获胜的自信感。丰臣秀吉自信要获得战争的胜利，只需必要的军事行动和通过与周边国家的外交来削弱对象国实力的战术，可他并未意识到这些在某种程度上仅仅适用于国内战争，并不适用于国际战争。他将国内外交战略应用于国际战争是一种愚蠢的毫无常识的想法。

第三，自信地认为已为出兵海外做了充分准备。以长崎为枢纽，掌控东南亚地区的贸易主权，解决了日本国内的财政危机；招安了对马岛和壱岐岛首领，使之臣服于己，巩固了国家主权；同时构建了与琉球王国和朝鲜的外交途径，因此对出兵海外充满自信。

第四，并未全面理解中华文化圈中朝鲜与明朝的关系，即对中华文化圈中国际关系特点不了解。

以上四点原因，导致了丰臣秀吉的此次出兵朝鲜最终只能以失败告终。但丰臣秀吉失败的真正原因在于未能全面透彻理解中华文化圈中，以中国古代王朝为核心的秩序结构以及其中各个国家间的有机联系，从而导致了此次出兵失败，并因此赔上了身家性命，结局惨痛。

战争时，明朝对朝鲜提供的军事支援，包括万历年间先后三次军事出战，无论从规模还是支援范围来讲，均已达到历代顶峰。而由此带来的强大征税压力均由广大人民群众负担，导致人民叫苦不迭，怨声载道。最终这也成为明朝国力日渐衰弱的重要原因。

即使处于如此艰难之境，明朝仍坚持出兵支援朝鲜，正是由于中华文化圈内国家间的有机联系和国际秩序体系，即中国古代王朝作为中华文化圈核心的使命感。这点也是日本倭寇不曾想到和不能理解的。

中国历代王朝的首要任务，是防止任何势力动摇东亚世界国际关系体系，这也是中国对外朝贡关系建立的基础。中国王朝对这点一直铭记于心，即一旦东亚世界国际关系被破坏，必然会动摇中国各王朝的统治系统，造成自身支配体系崩塌等一系列统治危机，最终导致自身王朝的覆灭。

1592 年日本侵略朝鲜，破坏了东亚世界秩序，此后明朝的灭亡也与此有着直接关系。由于对局势的错误判断，日本并未从鸭绿江而是改道由图们江地区进行登陆。这一行为令当时聚居于此地区的游牧民族，即女真族被驱逐，转移聚集至现今沈阳地区，之后集结力量建立了后金。随着后金势力逐渐扩大，不断谋求更广阔的疆域，最终将其势力范围扩展到了当时明朝的都城北京附近区域，并建立了清王朝。因此有研究认为，在如此内外夹击的背景下，明朝作为中华文化圈中枢核心，出兵支援朝鲜，耗尽了最后一丝余力，从而最终导致了明朝的灭亡。

此后，新成立的清王朝持续推行海上封锁政策，日本地区新掌权的德川幕府为改善与朝鲜的关系而不断努力，不计代价地促成两国间使臣交流。之后，以朝鲜为贸易枢纽，日本德川幕府通过与清王朝开展间接贸易，稳定了其初期国内政权。

综上所述，在中华文化圈内，各个国家均被有机地联系在一起，任何一个国家或地区出现问题，都将对东亚世界整体造成巨大冲击。这种有机联系在现今社会也尤为重要。当前，中日韩三国围绕领土问题产生激烈纷争，让人们重新认识到了重构这种国家间有机联系的必要性。

第四章

以互惠和尊重为基础的文化交流

一、宋朝与高丽间的人文、物资方面的文化交流

（一）互补的文化交流

所谓文化交流，并非单指由一方至另一方的单方面文化传播，而是指双方处于同等地位，根据各自的需求而实现的双方间的文化传播形态。因此在古代国家间，是无法实现这种真正意义上的文化交流的。但北宋与高丽间活跃的文化交流，促进了中韩两国关系的进一步发展。

即使是在古代社会，文化的传播也如流水般，由高处向低处进行，因此自然是中国文化作为文化的源头，传入周边民族和国家。但在文化接受的过程中也存在一些筛选调整。在当时的历史背景下，宋朝与高丽间的文化交流是由文化发达的北宋地区向文化相对落后的高丽地区进行单方向的传入，但尽管如此，不容忽视的是，在此过程中两国间相互补充、相互完善的文化交流也相应展开。

这一时期，中国放宽了对文化传播的限制，因而一些此前被禁止传播的文化得以向国外流传，此后中国也开始主动向高丽传播自身的文化，逐渐形成了一些惯例。

文化交流现象的出现表明，中国的安抚政策和高丽的文化渴求心理达成了一致。我们可以充分将其视为两国关系的新发展。

宋朝与高丽间的文化交流展现了中韩两国文化交流的历史风貌。从这一角度出发，以下将按照文化交流的形态分类考察两国的文化交流。

在政治制度方面，高丽大体沿袭了中国唐宋时期的政治制度。高丽的官制制度对唐宋制度的接受过程大体如下：高丽初期的中央官制设置三省（内义、广评、内奉）、六尚书（选官、兵官、民官、刑官、礼官、工官）和九寺。发展到高丽成宗年间（982—997年），参考唐宋官制，进行了官制改革。设中央三省，即内史门下省（统管百官事务）、尚书都省（统率百官）、三司省（管辖全国出纳），并下设六部（吏、户、礼、兵、刑、工），同时又新设了中枢院（掌管守卫军纪）、御史台（掌管纠察弹劾）、国子监（掌管留学教育）以及礼宾司、大理寺、典医寺、艺文馆等机构。

在兵制方面，高丽先前接受唐朝观念，设置六卫，之后在六卫的基础上增设了鹰扬、龙虎两军。

在法律制度方面，高丽前期遵循唐朝律法，发展到后期则采用了元朝的制度，即按照唐朝法令，根据状况不同而进行灵活运用，并将其中复杂的律令进行简单化，结合自身国家实情做出调整。

在经济制度方面，高丽同样受到了唐朝的影响。高丽所实行的土地制度——田柴制，是受到唐朝均田制的影响而制定的。高丽将开垦的土地与山林按照肥沃程度进行区分后分配给各科，即各级官吏，上至文武百官，下至官部的兵士、员外郎等。由于按照“科”来进行山林、土地的分配，因此这种土地制度也称为田柴科。但高丽的田柴科与唐朝的均田制是有所区别的。唐朝的均田制在进行土地分配时，其分配方法有两种，即有永业田和口分田，按照人口数量来进行土地分配。而与此不同，高丽仅仅针对官部的兵士实行分田制。

在教育制度方面，高丽同样受到了唐朝的影响。在高丽建国之初，即 930 年，太祖首次于西京（今平壤）设立学校，并命六部招募学生，进行讲学。此后在 992 年，高丽设立国子监，并配给土地和奴婢，仿照唐朝国子监设置国子学、太学、四门学、律学、书学和算学六学，开始招生讲学。

在科举制度方面，高丽于 958 年接受后周使臣双翼的建议，设立了科举制度，即“光宗受双翼之谏，设立科举，选拔人才，由此，文风盛行”。双翼提出以中国为范本，设立科举制度，进行人才选拔。此后，高丽王命双翼为主考官知贡举，选拔进士和医、卜人才。高丽科举及第的第一人是崔暹。从此以后，科举成为人才选拔的国家体制，每年举行，对考试合格的考生数量并不设限。双翼作为知贡举，劝说年轻后生参加科举，由此高丽一时文风盛行。高丽科举的内容主要包括三礼（《礼记》《周礼》《仪礼》）及三传（《左传》《公羊传》《穀梁传》）。

在高丽仁宗时期，为了鼓励经学研究，设立了式目都监，专门翻译整理经典，并仿照唐朝设立六学。

经筵制度是为提升皇帝素养而专门设立的儒家教育制度。该制度始于唐朝，于宋朝达到鼎盛期。高丽深受宋朝影响，于 12 世纪初期设立经筵制度，在史书中有如下记载：“深知用兵之难，废练兵之事，邻国皆敬仰臣服之。……设立清谯阁、宝文阁，文人大臣于此处讨论六经，废武艺，习文化，崇尚礼仪。”高丽文宗时期设立书籍所，用作进行讲学之处。史书中对此进行了如下记载："王于理政之暇余，亲临学者经筵之席。视寿昌宫旁侍中邵台辅之宅为书房，收藏万卷图书。大司成金富轼、礼部员外郎林完等数位维新志士常聚于此。"

高丽时期的经筵与宋朝的经筵性质类似。清谦阁和宝文阁的官员皆为高丽的儒家硕学。国王从繁忙国政中抽出时间与亲信的官员共同于此处讨论儒家经典。经筵的形式主要分为讲学和讨论两个方面。例如，1147 年秋，国王向翰林学士崔惟清进行了《尚书・说命》三篇的讲学，参知政事（中书门下省所属宗二品官职）崔梓等旁听，右司谏李元膺回答了问题。

根据《高丽史》的记录，在经筵进行讲学的内容主要包括以下几个方面：(1)《尚书》中的《大禹谟》《皋陶谟》《益稷》《无逸》《洪范》《舜典》《说命》《太甲》等篇章；(2)《礼记》中的《中庸》《投壶》《月令》等篇章；(3)《诗经》中的《关雎》《泮水》《云汉》等篇章；(4)《周易》中的《泰卦》《复卦》《乾卦》等篇章；(5)《老子》等。

此外，将《诗经》《尚书》《礼记》《周易》四大经典定为侧身经筵的教材。其中，尤其对《尚书》表现出了格外的重视。但未曾有对《春秋》进行讲学的记录。而《老子》虽并非儒家经典，却仍在侧身经筵中对其进行讲学。从这些现象来看，高丽在对经筵教材的选择问题上，既存在与宋朝一致的方面，又与宋朝有所区别，表现出自身的特点。

在对《尚书》格外重视这点上，高丽与宋朝具有共同点。宋朝人将《尚书》奉为"帝王之轨范"。宋光宗时期，在经筵中曾对《尚书》58 篇和终篇进行了两次讲学。高丽的经筵同宋朝的经筵主要在以下两方面存在着鲜明的差异：第一，高丽经筵以《老子》作为教材，这体现了高丽儒学与中原儒学间的思想差异；第二，两国对于史书和史实的态度不同。《春秋》作为六经当中最接近于史学著作的一本，受到了宋朝学者的关注。而与此不同，不知出于何等原因，高丽却并未将《春秋》纳入经筵教材。宋朝在选定经筵教材时，将儒家经典和近代、当代历史放在同等重要的地位，不偏不倚。司马光所著的《资治通鉴》是宋朝经筵的重要教材。此外，宋朝先祖事迹以及名臣的奏章谏文均经过编辑整理，作为优秀的教材用于教育当代皇帝。或许高丽经筵由于史料不足，在历史教育方面较为欠缺，但高丽经筵的学习内容不仅仅局限于经书。睿宗就曾与各位学士讨论过《贞观政要》。文宗也曾在书籍所与大臣们针对《宋朝忠义集》和司马光的《遗表》《训俭示康》进行讲学。

通过以上比较，我们能够了解到，两国间文化交流持续密切发展，各国也不断根据本国发展情况，从相互补充、相互促进的角度出发，推动实现了两国间文化交流的进一步深化。

（二）友好交流

高丽为了更好地加强和改善由宋朝习得的制度，派遣权适等举人到宋朝太学进修。宋朝为了更好地帮助这些朝鲜学者学习，专门另设博士对其进行讲学。1115 年，宋徽宗亲临集英殿，举行高丽宾贡科举考试，权适等四名高丽举人及第，其中尤其是权适还被授予了花冠。

1117 年，高丽宾贡进士金端、赵奭、权适随高丽使节团归国，宋徽宗随即派人送来其御笔诏书，诏书中表达了对两国间交流的满意之情。

> 朕洪泽天下，不因异国轻蔑视之，凡中华文化传播之处，无内外之别。……现派遣之臣无惧深海之隔，于我国修习，科举及第，

衣锦还乡。按汝邦之需，令其研习道义。朕甚乐矣。

权适归国后，任高丽国子监祭酒和翰林学士，掌管高丽最高学府，于1146年任上辞世。

1074年，高丽向北宋派遣使臣，访求中国书画；1076年，高丽使臣携带作画工具、器皿，前往相国寺临摹壁画，并将所临壁画原封不动地绘制于高丽兴王寺正殿西侧墙壁。此壁画轰动一时，受到了高丽人民的追捧，如对待珍宝般对其珍惜爱护。

当时高丽的绘画艺术已达到了相当高的水平。高丽名画家李宁的作品更是受到了宋徽宗的推崇，曾下令命宋朝画家向李宁学画。宋朝绘画评论家郭若虚也曾对高丽绘画做出如下评价："高丽国崇尚古雅，而渐与中国文化之形似。但其画法之精巧，非他国画家所能及。尤为丹青之奥义，他人难效仿之。"

宋朝初期欧阳询的楷书风靡一时，其传入高丽之后，也瞬时受到高丽人民的喜爱，成为临摹的字帖范本。高丽王宫中匾额上的字使用的均是欧阳询的楷书体。1108年，高丽安和寺竣工，高丽派使臣前往宋朝，访求书法名家为此寺题匾，当时声名远扬的书法家宋徽宗和蔡京均为安和寺题匾。1124年，高丽再次派使臣来宋寻访书法家，作为回应，宋朝派精通篆、真、行、草书的徐兢作为使臣出使高丽，徐兢的字也受到了高丽人民的推崇。

高丽建国初期使用的是宋朝初期的和岘乐。宋神宗熙宁年间(1068—1077年)，高丽向宋朝派遣使臣，访求宋朝乐师。宋朝向高丽派遣了数名乐师，数年之后他们才重新回到宋朝。此后，元祐年间

(1086—1094 年)、政和年间（1111—1117 年)、宣和年间（1119—1125 年）高丽又多次访求大晟雅乐与燕乐，宋朝均一一满足其要求，向高丽赠与乐谱并派遣乐师。宋朝的乐器也在此过程中传入高丽。根据徐兢的记载，高丽的乐师达数千名，其中一部分是到宋朝进行了专业学习又回到高丽的，经这些人传入的曲目被称为“唐乐”。在北宋至道年间(995—997 年)，高丽的音乐也传入北宋。1076 年，高丽向北宋派遣了十余名乐师，他们在当时宋朝都城——东京汴梁进行了演奏，当然此举也对北宋音乐的发展产生了一定的影响。

两国文化交流中最为活跃的是佛教领域的交流。佛教思想在高丽的社会中占据着举足轻重的地位。高丽崇尚佛教，尊佛教为国教。高丽君主为推动佛教的繁荣曾派人前往北宋求访佛经，同时，宋朝高僧也到高丽来宣扬佛法。当时也推行了刻板佛经等政策来促进佛教的发展。

与此同时，高丽僧人也长途跋涉，前往北宋，潜心研读佛经。谛观、义天等均是到北宋寻求佛教真经的高丽僧人中的代表，其中尤以义天对高丽佛教的发展做出的贡献最大。义天跟随宋朝高僧净源研读《华严经》，随高僧圆照学习律宗。

高丽积极推行访求佛经政策的同时，宋朝朝廷也向高丽派遣高僧，进行佛经讲学。北宋高僧惠珍和省聪均曾前往高丽讲解佛经，高丽国王亲自接待并款待他们，在寺庙中建立讲坛，安排他们讲解经文，广散恩德。

道教思想也在北宋的影响下传入高丽，与佛教思想并称为“道佛思想”，得到了广泛的发展。自高丽建国以来设立的八关斋会，在名义上虽为佛教活动，但实质上却是道教仪式。因此在举行此仪式之时，僧人和

高丽大觉国师义天献呈净源法师佛教书籍 7 500 册，
并捐资建造《华严经》藏经阁

道士均会出席，共同参与。这也是高丽受到北宋影响而呈现的特色现象之一，即由于在北宋历代皇帝中，部分皇帝推崇道教，道教文化得到了长足的发展，高丽国王也受此影响，以道教仪式来进行祭祀礼仪。

1110 年，宋徽宗派两名道士前往高丽进行道法讲学。在此期间，高丽道士李仲若前往中国访求道教经典。1113 年，高丽接受了求道归国的李仲若的建议，在都城开城建成福源观，并设有十余名道士。睿宗时期，甚至大力举行道教仪式，睿宗曾试图以道教来取代佛教的中心位置，但由于种种原因，这一想法并未实现。通过下面这段记录，也能够体会到睿宗对道教的执念："睿宗一心崇道家之言，欲取佛教之位，却迟迟无果，似待良机。"

1122年，高丽根据宋朝制度设立了史官修史，并依托于此，创作了《睿宗实录》。平章事韩安仁上奏朝廷，主张应将睿宗在位17年间的事迹记录在册，流传后世，并认为应根据宋朝惯例设置实录编修官。朝廷接受了其建议，并任命金富轼等人为编修官，主管这一事务进程。1145年，高丽仁宗下令命金富轼编纂《三国史记》。他遍览中国史书，补充高丽不足史料，最终完成了这部韩国史上最宏大的史书创作。

在汉文学方面，随着科举制度的实施，汉文学也同步得到发展。由于科举考试中包含诗、赋、颂和时务四部分，科举考试的要求推动了对汉文书籍的需求。同时，随着高丽与宋朝之间频繁的使臣往来，在此过程中，高丽使臣也购买带回了大量汉文书籍。唐朝诗人李白、杜甫、白居易的作品，以及宋朝苏轼等人的作品在高丽广为流传，炙手可热，获得了高丽文人的追捧。

高丽文人将中国文人的诗文选集编辑成册，并附上注释。仁宗时期，崔惟清整理创作了《李翰林集注考》《柳文事实》，金仁存为《贞观政要》添加了注释，尹松对《集古词》《唐宋乐章》《撮要诗》进行了编辑整理。除此以外，在高丽定居为官的北宋文人卢寅、张琬、陈渭、周沆、张廷、慎修、萧廷、萧鼎、叶盛均创作了大量文章，他们与高丽的文人结交，互相探讨学问研究，为众多高丽人撰述碑文，同时撰写文集的序文、跋文等。这些不仅加深了两国文人深厚的友谊，同时也促进了两国文学交流。

在文学方面，高丽也深受宋朝文人的影响，尤其是在高丽光宗年间（950—975年）至显宗年间（1010—1031年）。高丽光宗、显宗年间，文人辈出，诗词歌赋、四六骈文体创作达到顶峰，文笔华美，后世之辈无人能及。这其中尤其以朴寅亮和金覲为代表，两人在宋朝期间潜心研究学问，与宋朝文人广交好友，创作了大量诗文，受到了北宋文人的认可与赞赏。宋朝人将两人的诗文编辑成册，制成诗文集。根据相关记录记载，宋朝人对他们的诗文水平赞不绝口，遂将他们的诗文整理编辑，以《小华集》命名并出版。

综上所述，两国在众多领域实现了全方位、多层次的友好交流，加强了两国间的纽带关系，并作为中韩两国友好交流的典范被载入史册，供后人借鉴学习。

二、信息文化交流的历史作用

（一）宋朝与高丽之间的互惠信息文化交流

中国直到北宋之前都相当忌讳对外贸易。然而当时的记录中记载道，中国表示除了“议论时政的书籍”和“谈及边疆机密的书籍”之外，高丽可以尽数购入。由此来看，中国废止了之前关于信息文化交流的诸多限制，高丽与宋朝形成了活跃的交流。

宋朝之前图书出版并不多，所以人们认为信息文化交流非常神圣，将其运用为道德上教化周边国家的道具。《隋书·经籍志》中记载道：

> 夫经籍也者，机神之妙旨，圣哲之能事，所以经天地，纬阴阳，

> 正纪纲，弘道德，显仁足以利物……其王者之所以树风声，流显号，美教化，移风俗，何莫由乎斯道。

对书籍作用的认识达到这样的高度，是因为人们将出口书籍看作政治性的教化行为。

宋朝以后，木版印刷术盛行起来，书籍大量印刷出版，儒教经典也远播出去，于是书也不再千金难求。然而，随着和边防秘密有关的书籍也夹在这些书籍中流出，从守护国家安全的角度来考虑，宋朝在 1027 年下达敕令，禁止通过边境贸易出口与“朝廷边境秘密事件”相关的书籍。

之后，木版印刷的文集只要问世，就要没收并上奏，朝廷派遣官员来检查。只有书籍没有问题允许印刷的时候才能刊行，对违反此令者会依据朝廷刑法处罚。

1027 年下达的限制书籍敕令主要针对契丹实行，而由于高丽在两国之间长期受到辽国统治，所以传入高丽的书籍也可能会传入契丹，所以宋朝对高丽也提高了警惕。1093 年，苏轼不断向皇帝上书，奏请禁止高丽派遣使节购书入丽。

> 高丽获赐书后若不传于契丹，则契丹何以受其贡？若探高丽本心，不可称其无偏向北夷之处。

宋朝当局考虑到国防安全，对出口高丽的书籍也基本上按照 1027 年的敕令进行。根据《高丽史·世家》和《宋史·高丽传》记载，宋朝赠与高丽政府的书籍中包括《大藏经》《御制秘藏诠》《逍遥咏》《莲花心轮》《文苑英华》《神医补救方》和“九经”等。

这些书籍的共同特征就是都与现实政治无关。《大藏经》和“九经”

分别是佛教和儒教经典，高丽原本就有，重新购入主要是为了校对错误内容。《神医补救方》是医学书籍，《文苑英华》是南朝梁国末期到宋王朝之前的文章集。

除这些书籍之外，高丽使节自行购书也受到 1027 年敕令的限制。1085 年，高丽命使臣购入《大藏经》一节和《华严经》一部，宋朝准许了这一要求，然而除此之外，并未同意其购入刑法文书。

次年，高丽使臣想求《开宝正礼》《文苑英华》《太平御览》这几部书籍，而宋朝仅赐予其《文苑英华》。这三种书籍中，《开宝正礼》记录的是宋王朝的礼制，《太平御览》记录的是中国至五代为止的历史，由于其中包括山川走势相关内容，所以宋朝禁止出口《开宝正礼》和《太平御览》。换言之，宋朝并不希望这些内容传播到高丽。

然而，这些限制手段在印刷术的发达之下失效了。虽然由于宋朝限制书籍出口，中国和高丽间的交流受到了一些制约，但是从另一方面来说，由于印刷术十分发达，故宋朝书籍传播至高丽的途径也比任何时期都多。加之商人也加入了向高丽出口书籍的队伍中，书籍的流通渐渐平常化，转为了商业行为。“书籍流通的主导权从政府当局转到了民间，形成了新生力量。这里要多加注意的是，曾经文化交流形态的框架出现了向商业行为转变的趋势。”

虽然宋朝有禁令，而大多数商人却不怕危险，将高丽人需要的书籍秘密运往高丽。虽然商人们运输书籍只是为了赚钱，但因为运走的书籍都含有文化要素，于是商人们就在不经意之间担任了文化传播使者的角色。商人的行为并非在政府层面形成，而是具有民间性质，所以几乎没有体现在历史记录中，但仅仅通过一部分记录来看，也可知道商人们向高丽出口的书籍无论种类还是数量都绝非寥寥之数。根据《高丽史》的记录来看，1027 年，宋朝江南商人李文通等献上图书共 597 卷，历史上并没有对这 597 卷的详细记录。就连高丽与宋朝外交关系中断的时期内，商人们也依旧进行着书籍贸易。1192 年，宋朝商人向高丽王献上了《太平御览》，高丽国王给他 60 斤白银，判秘书省事崔诜根据这一刻本校勘了高丽所持的刻本。

通过史料记载的信息可以确认，商人们通过卖书追求利润，所以经常违反宋朝书籍出口禁令。1139 年，高丽仁宗“将金富轼和崔凑等唤入宴会，王命金富轼读司马光的《遗表》和《训俭示康》”，司马光的《遗表》和《训俭示康》很明显并非单独传入高丽，而是和《司马光集》一同传入的。1027 年的敕令明令规定当代臣子官吏的文集列在禁止出口的书籍目录中，所以这样的书籍流入高丽可以说是商人的功劳。

宋、辽、金时期，高丽和宋朝的书籍流通相辅相成，不仅是宋朝向高丽出口书籍，高丽也以文化典籍回报宋朝。谈及高丽出口宋朝的图书之前，首先要知道的是高丽汉字文化的发展情况。宋、辽、金时期，朝鲜半岛的汉字和儒家文化已有了旺盛的生命力，高丽的汉字文化和中原文化一同在朝鲜半岛熠熠生辉，典籍代代积累下来。到了宋、辽、金时期，高丽中央图书馆秘阁中已藏有相当数量的汉文典籍，种类齐全，包括经、史、子、集等。由于儒家文化的影响，高丽培养出了许多儒学修养深厚的学者，还模仿中国制定了科举制度，也以中国的儒家经典为考试内容，科举考试的推行使儒家经典传入了更广泛的阶层。1056 年，高丽的西京留守送给进士（科举小科及第者）和明经（科举明经科及第者）等的书籍大体是手抄本，错字很多，于是高丽国王将秘阁中所藏的“九经”、《汉书》、《晋书》、《唐书》、《论语》、《孝经》、子和史等文集以及医学、占卜、地理、算数等书籍放置到了各个书院，命有司将书籍各印刷一份呈上。经过这样大规模的动作，高丽地方图书馆的馆藏图书也丰富了起来。

高丽还实行了奖励官员刻本印刷的政策。1059 年，南京府史试礼部员外郎李靖恭印刷了 54 版《三礼图》和 92 版《孙卿子书》，国王得知后，下诏将雕版印刷版收藏于秘阁，并奖励了李靖恭。高丽政府也数次组织人员勘校从宋朝进口的书籍。1151 年，国王命宝文阁学士和翰林学士勘校《册府元龟》。1192 年，命礼部尚书郑国俭和判秘书省事崔诜联合儒学学者勘校《增续资治通鉴》，并将此下发至各州县印刷，分发于侍从儒臣。

由于高丽的汉字文化得到发展又有丰富的藏书，因此也能够向汉字的发源地宋朝输出书籍了。1091 年，高丽使臣李资义自宋朝回国时带来了宋朝皇帝的旨意，他说，“因为我国有很多好书，故而皇帝向臣索要我国所藏的中国书籍目录，于是我也向皇帝禀报了高丽所需的书籍。然后皇帝说，若有想买的书，可写下来呈上”。宋朝欲从高丽购入的书共有 128 种，《高丽史》中记载了所有的书目，而现在学者们研究这 128 种图书发现，其中 90 种都并未记录在《宋史・艺文志》中，并且《宋史・艺文志》中收录的 38 种中，有 31 种书的题目不相符或卷数不同，是为“异本”，全部相同的仅有 7 种。宋朝秘书省将从高丽传来的珍贵书籍校正并油印出来，收藏于宋朝国家图书馆，宋朝儒臣根据这些珍本来校正宋朝已经收藏的图书。据考证，现存的 20 卷《说苑》和 9 卷《黄帝内经》是根据来自高丽的书而查漏补缺的。

通过这样的交流，高丽相当重视中国书籍的进口，不断地请求北宋送书来。北宋则保持着与高丽的友好关系，总是向高丽运送大量的书籍。其中包括《史记》《汉书》《后汉书》《三国志》《陈书》《太平圣惠方》以及三部《大藏经》等。之后，宋朝又将曾不能出口的《太平御览》《文苑英华》《册府元龟》送往高丽。1074 年，北宋神宗下诏，允许国子监将“九经”、子、史等书籍出售给高丽使臣。至此，书籍无法购买的惯例被打破，高丽使臣可以从北宋购书回国了。

仅看当时记录中高丽使臣述说想买的书有很多这一内容，就可得知当时高丽能够轻松地购买书籍了。根据宋朝的规定，只要不是议论时政或讲述边疆机密的书都可以购买，同时宋朝商人也将中国书籍大量运往高丽。进入宋朝的高丽僧侣也有很多携带经书回国的，比如义天就从北宋带回了数千卷经书。

同时，高丽政府和民间的藏书热也达到了极致，于是有些在中国都已无法寻觅的书却在高丽保存完好，因此，宋朝也反过来要求高丽将书送入宋朝。1091 年，宋朝写下了数百篇书籍名称送往高丽求取，以此补全宋朝的书籍，这从“宋朝也因书目不全而焦虑，故而向高丽送来了百篇求取的书目”这一记录即可获悉。这些书目中有《尚书》《周易》等十卷，高丽还将中国已失传的《皇帝针经》、京氏《周易》与较为完整的《说苑》(缺少 1 卷《反质》) 送往宋朝。宋朝朝廷尤其重视《皇帝针经》，还下诏将其校正后全国刊行以便学习。

除此之外，两国使臣、文人、僧侣们撰写的诗文和其他著作也传入了对方国家。北宋的《宣和奉使高丽图经》《高丽志》《高丽日本传》《鸡林类事》《鸡林记》《海东三国通历》《高丽行程录》《高丽日历》《高丽史记》等书籍便是宋朝使臣所写，书中详细叙述了高丽的历史、地理、文学、天文、制度和外交等各方面的情况，对促进两国国民相互理解和增进友谊起到了重要的作用。

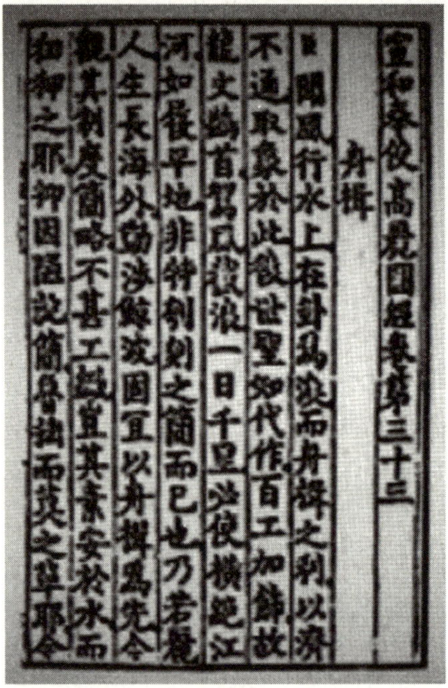

宣和奉使高麗圖經卷第三十三
舟楫
臣聞風行水上在卦爲渙而舟楫之利以濟
不通取象於此蓋世聖知代作百工加飾故
龍文鷁首駕風破浪一日千里必使横絶江
河如履平地非特制刻之簡而已也乃若麗
人生長海外動涉鯨波固宜以舟楫爲先今
觀其制度簡畧不甚工緻豈其素安於水而
狎御之耶抑因陋說簡畧拙而貶之[illegible]耶今

记录宋丽间友好亲善交流的《宣和奉使高丽图经》

高丽的使臣、僧侣等的诗文也传入了北宋。朴寅亮和金覲两人的《小华集》由宋朝人编辑出版，义天的《圆宗文类》、李五叶作注的《金刚经》也传入了北宋。

印刷术在唐朝时期就已传入了新罗，高丽时期则更大规模地印刷书籍。1021—1087 年，高丽根据宋版和辽版，第一次完成了《大藏经》的刻印，同时也大量印刷了中国的儒学、史学书籍。比如，1042 年，高丽的东京副留守崔颢等奉命新刊行了《汉书》和《唐书》。1045 年高丽新刊行的70卷《礼记正义》和40卷《毛诗正义》传入了宋朝。1056年，西京留守建议“将秘阁所藏之九经、汉晋唐书、《论语》、《孝经》、子、史、诸家文集、礼服、地理、律算等各种书籍赐予各个学院，每个学院各自印刷一份”，由此可知当时高丽的刻书流行之甚。1090—1101年，义天将收集的《续藏》刻印。其后，高丽中央和地方各自印刷了大量类书、史书和医书，这在高丽文化发展和中国文化保存上发挥了重要作用。

印刷书籍需要大量的纸和墨，而高丽的纸和墨非常有名，于是，高丽的纸墨大量出口北宋，受到了宋朝文人的欢迎。其中百锤纸（捶打一百次制成的纸）最受欢迎，史称高丽纸“以棉茧造成，色白如绫，坚韧如帛，用以书写，发墨可爱”。并且，从“高丽每年贡以蚕纸（指称高丽或中国纸，放入蚕衣制成），刊印大量书籍”可以得知，高丽纸也可用于印刷书籍。据叶德辉记载，宋朝书籍也有用高丽的鸡林纸印刷的。高丽的松烟墨也很有名，受到广大宋朝文人的喜爱，宋朝有名的制墨者藩谷就是接受了高丽的先进经验，制墨时混合高丽进口的石炭（因为是松树烧焦后形成了熏黑样，所以叫作松烟），制得的墨质量上乘。

医学书籍也大量传入，北宋重视医学，刊行了很多医学书籍，故而高丽政府经常派使臣入宋求取。北宋也数次热情地将医书送与高丽政府，其中代表性的就有《太平圣惠方》等书。高丽也将这些中国医书大量刻印，比如1058年，忠州牧新刻印了《黄帝八十一难经》《川玉集》《伤寒论》《小儿巢氏病源》《张仲景五脏论》99版等。1059年，安西都护府新雕版印刷了《肘后方》73版、《疑狱集》11版、《川玉集》10版等并送给高丽王。北宋若有医书失传，则会向高丽求取，宋神宗时高丽向宋朝送去了宋朝失传的《皇帝针经》。

北宋和高丽也非常重视算学，两国也都有以算学选拔人才的方法，算学课上的内容也相同。比如《九章算术》是中国算经中的一部，这也是《高丽史》第 14 卷的重要部分，这本书在北宋时流入了高丽。高丽也与北宋一样，以这部书来选拔人才。

高丽也盛行阴阳地理风水说，这大多也是受了唐朝和宋朝的影响。1021 年，高丽向北宋派遣使臣，求取阴阳地理书籍。次年，宋朝使臣将《阴阳二宅全书》带往高丽。1057 年，高丽将专门研究遁甲与风水的宋朝人张琬任命为太史监侯。1106 年，高丽国王命儒臣金仁存、朴升中等综合中国关于阴阳地理的专门书籍编撰出《海东秘录》。

北宋和高丽的出版文化交流就这样灿烂地在多个领域上开展着。这些交流增进了两国之间的传统友谊，成为两国发展的基石。

（二）信息文化交流在不同时期的作用和影响

东亚世界传统关系的各种主张大体上可简单归纳为两类。一是在中华秩序中，中央和地方政权的有机隶属关系说。二是在中华秩序中虽然有政治的隶属性，但在各个方面也保持着独立性。中国王朝独特的统治形态维持着通过朝贡和册封建立的中华秩序，这一统治形态中出现了一系列的诸般历史现象，而以上见解都出现在分析这些现象的过程中。最近，日本更倾向于第二种观点，它想将日本近代化的成功和近代以后日本独特的进程的合理化，作为其理论支持。

于是，为解决这一问题，考察中韩两国之间传统交流，特别是信息文化交流对两国发展有多大影响是十分重要的。在这交流中，理解中国文化对韩国历史发展做出的贡献，则是之后理解中韩交流重要性的重要基础。

信息文化交流的特色，是要把囊括本国所有思想、意识、文化等的内容全部告知对方，并让对方了解自己生活的方式和方法。换言之，它就像一根绳子，通过将自己的生活方式、统治方式、对对方的认识等所有的内容展现给对方，使双方缔结共同体关系。

因此，越是追溯到过去，信息文化交流越是受到国家的控制。作为相对而言文化水平较高的国家独占权力的手段，它经常被用来改善对方的姿态、态度或两国之间的关系。而越接近近代，由于地理、政治关系的原因，越能形成广泛的交流，但众所周知，这也是有所区别的。

朝鲜半岛与中国的信息文化交流根据王朝不同也有所不同。情况从古代至近代几乎没有变化，而中国内部的政局变化是最大的变数。根据中国的时代不同，比起统一王朝时期，在分裂时期，即三国时期、魏晋南北朝时期等，国家相互之间的尖锐矛盾威胁到生存本身的时期，中国的各个王朝更希望与朝鲜半岛缔结密切的关系。即使平常忌讳文化传播的领域，也传播至朝鲜半岛各个王朝，与之结为紧密的关系，将朝鲜半岛作为自己的幕后势力。换言之，这种现象的出现，是由于中国王朝想在维持自己既得利益的这一层面上通过交流提高自身力量，而在战略层面上是为了在危急之时能够获得朝鲜半岛的帮助。

从不同时期来看，朝鲜三国建立初期，信息文化交流的范围相当窄，这是由于中国本身在文化上，尤其是信息文化上发展水平较低，所以与朝鲜半岛的交流也相当具有局限性，这种情况持续到了后汉初期。

而从进入后汉中叶开始，儒家思想作为东亚世界的统治原理广泛地传播开来，朝鲜半岛热切地想要获得与此相关的儒家书籍，这便成了众多文献流入朝鲜半岛的催化剂。一开始这种倾向只存在于一部分知识阶层中，而后来扩大到了要建立学校这样的制度层面，随之对文献的需求也更多了。这一时期，朝鲜半岛的要求强烈地作用于两国交流中。

尤其到了唐宋时期，朝鲜半岛地区真正地开始渴望文化交流，希望改善和中国的关系，以此为基础，朝鲜半岛三国间的争霸便更加白热化。尤其是陆路与中国直接相连的高句丽能够得到大量的文化优惠，它与古代中国的关系是两重性的。高句丽和古代中国在政治、军事上保持着紧张的敌对关系，相互牵制，不过，汉朝设立的汉四郡中已有汉朝文化，高句丽就在这些文化的基础上出现，自然具有容易接受发达汉朝文化的能力。如此背景对高句丽的发展产生了巨大影响，因此高句丽积极地推进文化信息交流。这种积累的能力提高了国力，达到了能够与隋唐相较的程度。由此可见，无论古今，信息文化的交流程度都决定着国家的未来。

比起高句丽，百济通过海洋和中国南朝缔结了关系，积累自己的文化底蕴，故而在初期国力强盛，甚至成长为掌握朝鲜半岛主导权的势力。同时，这些文化积累对古代日本国家的形成和统治带来了深重的影响，为日本古代国家的发展提供了很大的帮助。

而相对来说，新罗由于位置偏僻，在初期无法与中国进行文化交流，故而相比其他国家来说并不发达。然而公元 6 世纪中叶，新罗巩固了汉江流域的统治，与中国的直接交流也成为可能。随之，新罗通过交流，以新的外来文化补全本国独特的文化，最终其文化也达到了能够统一三国的高度。之后，新罗保持着与唐朝的共生关系，取得了辉煌的成就，成就了千余年灿烂的文化。然而，由于新罗太过依赖唐朝，因此随着唐朝的覆灭而灭亡了，这也使人们认识到，两国文化合作对彼此都有着巨大的影响。

宋朝从建国初期开始，就与北方新建立的辽国、金国保持着鼎立状态。为了维持自己在东亚世界的中央作用，宋朝采取的政策是，以南方地区开始逐渐发达的经济实力为基础，维持并统治与周边国家的关系。但由于宋朝与唐朝国力悬殊，所以统治周边国家并非易事，于是宋朝放弃了北方地区，将势力集中于南部地区，这就是南宋。

被孤立的南宋自身难保，所以在与周边国家的信息文化交流上相当局限。但北宋处于和北方地区少数民族政权直接对峙之下，所以不可不重视与周边国家的关系。这种情况下，北宋和高丽的信息文化交流非常活跃，这对高丽的文化发展起到了很大的作用，造成了重大的影响。

之后，随着元朝的登场，高丽成为元朝的附属国，受到其直接支配。由于这种关系，两国之间高质量的信息文化交流有所减少，然而即便如此，从数量上来看，两国交流随着文人、人质、朝贡等的交流活跃起来。但是这样单方面的文化交流有很严重的局限性，最终并未为两国发展带来较大帮助。

辽国和金国到宋元交替时期仍然存在着，由于这些北方民族只关注军事层面上的交流，自身文化水平较低，所以通过信息文化交流对高丽产生的影响相当微弱。

当明朝结束了这混乱的时期并登上历史舞台后，中国和朝鲜半岛的信息文化交流才开始被激活，这使得两国的交流在人员交流、文献交流的层面上有了相当大的发展。明朝和朝鲜半岛的交流发展了朝鲜的性理学，两国之间的信息文化交流达到了前所未有的繁荣。在这样的背景之下，日本由于无法与开展海禁的明朝直接进行文化交流，于是便十分急切地接受朝鲜的文化，毋庸置疑，这是挑起壬辰倭乱的日本愿接受所有内容，200 年内派遣 12 次朝鲜通信使交流的背景。

从信息文化交流的历史过程可以得知，日本从元朝时期之后就受到东亚世界的排挤，在这样的情况下，它为了追求自身的生存而谋求进入东南亚和欧洲，成为东亚唯一掀起近代化浪潮的国家。然而，若是没有朝鲜的中转作用，这也是不可能的。

观察这些历史变化可以得知，中国的文化发展会对周边国家造成很大影响，而周边国家努力融合本国的固有文化，提高本国文化的质量，靠交流的成果来发展自己独特的文化。同时，当国家间由于国际问题而不能顺利交流时，可以通过中间国家进行交流中转，最终使整个东亚地区各国相互影响的信息文化交流系统得以形成。这也可以说是东亚所特有的特殊有机关系带来的结果。

所以，韩国的使命就是再次成为让东亚地区恢复上述关系，并为人类的和谐与共存做出贡献的角色。

若说在近代化过程中胜负取决于以何种速度和数量接受西方的信息文化，那么近代之前的胜负可以说就取决于与中国的交流有多么灵活。不可忽视的是，虽然与西方的信息文化交流加速了人类的发展，但这些发展却会给人类的安定与和平带来破坏。东亚世界中的信息文化交流虽然会带来相互竞争，但它是在维持安定和平的层面上进行的。这是与其他地区进行着不同发展的东亚世界的真面目，保护和维持这一价值是我们的分内之事，这一点要铭记于心。

第五章

近代中韩两国间的“爱想”和“偏见”

一、中国，韩国的典范

（一）中韩两国发展的函数关系

“中体西用”“东道西器”“华魂洋才”，这些词原本是东亚诸国被欧洲列强强制推入近代化进程，沦为殖民地和半殖民地时，为了挽救民族于存亡之际，奋起抗争呐喊而提出的概念。但是，随着岁月飞逝，在中日韩三国都比过去更加强盛的今天，反而要主动运用这些概念。如果这些国家科学技术先进，就会顺其自然更加尊崇“东道”；如果科学技术落后，就会安慰自己说因为有可以应付现代机械文明的“东道”，所以不必担心。这就是现在东亚国家的立场。

德国的天文学家开普勒，发现了地球与其他行星在以太阳为中心的椭圆轨道上公转的事实，而朝鲜“英正时代”的儒学家徐命膺和他齐名。徐命膺是一位精通《周易》的开明学者，他的思想对后世关注西学中天文学的北学派也产生了极大的影响。徐命膺是“西学中源论”的代表人物，他认为古代中国的“用”被西方蛮夷所裹挟，虽然实用，但理论上难称明快，所以要和中华文化的“体”相适而作。

西方科学文化当时能够在朝鲜传播并且快速发展的重要原因之一正是源于“西学中源论”的巨大影响力。“西学中源论”认为，当时流入中国的西方科学知识的起源都是古代中国，这些知识曾存在于古代全盛时期的中国，而后消失，流落到了“西洋蛮夷”手中，并且被继承发扬，最后重新被传入中国。

17 世纪末期，明朝被清朝灭亡，明朝的末代皇帝喟叹于江山断送，自杀而死。此事传到朝鲜，朝鲜学者中间开始流传“尊周论”，这导致了 18 世纪“西学中源论”在朝鲜学者中开始流传。

在这种情况下，必然要有一个正当的理由来学习“西洋蛮夷”传播给清朝的科学技术，而欲为其正名，其中最重要的方法就是“西学中源论”了。17 世纪初，西方科学知识开始传入朝鲜，并且在当时的朝鲜知识阶层中逐渐渗透，慢慢被朝鲜学者接受。例如，当时很多朝鲜学者在预测日食时更偏爱更加准确的西洋天文学，而不是传统的历法。甚至当时的朝鲜宫廷也率先使用了以西方天文学为基础的时宪历。不仅如此，西洋地图也给朝鲜学者留下了深刻印象，为朝鲜的地理知识启蒙起到了重要作用。

17 世纪，西方科学在朝鲜的传播和正当化都是较为容易的。进入 18 世纪后，朝鲜学者将一部分西洋天文学知识融入以《周易》为基础的传统宇宙论中，使西方科学迅速和传统文化融合，实现本土化。

但是，曾为学习西方科学正名的“西学中源论”和“尊周论”此时却出现了问题。17 世纪前半叶，朝鲜在对清朝的战争中屈辱败北，此时朝鲜学者中出现了大范围的反清情绪。同时，尊崇被视为理想文明的周王朝文化的“尊周论”在朝鲜学者中占据了支配地位，为了中华而为西方天文学正名的需求更加迫切。

对此，清朝不断试图通过对典籍进行批判性的探究而进行自身传统的净化和反省，而相对于此，朝鲜则呈现出了更加强烈的固守传统的倾向。清朝出现了对宋明程朱理学的部分否定，而朝鲜则将程朱理学进一步深化发展。对于历学，两国的态度也不尽相同。清朝着力削减干扰理论本质的多余因素，而朝鲜学者则持续地深入研究这些理论。

朱熹提倡理学之道在于格物。所谓格物，是指要对目标进行细致观察，可以类比西方自然科学中的观察法。所以天文、力学等需要科学地观察的学科，都可以毫无障碍地加以吸收。这也是之所以会出现“西用”“西器”“洋才”等类似表现的原因。儒学反对佛教和道教的“无”“空”之术，而是追求实学。不尚空谈，而专心现实之物。相反，欧洲基督教耽于教义之争，常争论针尖之上站立几个天使这样虚无缥缈的问题。所以欧洲地区抽象的和理论性的科技发达，而东方因为格物精神，虽然不敌视西方科学，但也呈现出了西方科学技术中无法出现的事物。

“西学中源论”正是立足于这样的视角，认为书学都是前代中华文明全盛时期被遗失，然后又被“蛮夷”带回东方的。甚至还托古孔子，引用《左传》中孔子学习“蛮夷”的记录，来将西学正当化。清朝康熙帝考虑到儒学家均是引经据典、传道论理的精英，因此在政治方面也利用“西学中源论”，提出清朝皇帝重新找回了古代中国所遗失的科学，因此满族的清朝皇室同样也是古代中国圣贤的后代的理论。

这种情况引发了朝鲜王朝后期对北学派的再评价问题。北学派认为，实学，即清朝和西方蛮夷的东西，值得学习的地方也照学不误，是一种非常开放的、实用的、改革性的、现代指向性的运动，但最终却成为

“西学中源论”的一个分支。如此，中韩两国间在全部领域进行的理论与思考，无论是肯定的还是否定的、合理的还是不合理的、牵制的还是共享的、存在的还是不存在的，都作为相互对应的理论和周期性的思考，使自身的政治立场、思想矛盾以及对外的态度不断地得以扩大展开。虽然这些理论的展开也成为阻碍近代化进程、妨碍政治经济发展的原因，但正是这些人文思想间的函数关系，为两国实现今时今日史无前例的腾飞与发展、获得民族自豪感提供了契机。从这点上来看，我们也能够感受到中韩两国发展的函数关系中的特点。

（二） 提倡 “学中国” 的北学派的中国观

虽然在两国之间出现了这些对应的理论，但是韩国人深知全部领域的本源最初均是从中国孕育发展而来的，自身同中国有着如命运般的联系，若不学习中国是万万不可的。

其中最具代表性的人物是 18 世纪左右开始进行研究的民间进步的知识阶层，即实学派思想家。在朝鲜后期，思想界内部开始出现一些人，针对当时社会的矛盾提出不同意见。朝鲜后期出现的所谓“实学思想”，指的是克服传统的社会体制，实现全新社会的一系列思想体系。它是面对朝鲜末期出现的社会、经济变化等多重社会矛盾，在寻找其解决对策的过程中出现的一种社会改革思想。因此，这一思想和改革理论必然同此前的性理学不同。

实学是一种脱性理学的思想，它反对将朱子说作为唯一的儒学解读标准，提倡立足于先秦儒学，乃至原初儒学，以王道政治论、王政论为基础，促进变法改革、国家复兴。实学者们对于性理学采取批判的立场，他们以原初儒学为理论原型，不断努力将根据王道政治论而形成的古法、古制应用于自身生活的朝鲜后期。此外，实学派的实学者相互之间并不具有直接的或连带的关系，他们是在朝鲜后期开展的知识运动中共享相同思想理念的一群学者。隶属实学派的学者们包括柳馨远、李瀷以及此后的洪大容、丁若镛等被称为北学派的一众思想家。同时，活动于 19 世纪中叶宪宗时期的李圭景和崔汉绮等人也属于实学者的这一范畴。

作为朝鲜后期实学的一个分支，北学派是一个重视工商业发展的学派，因此又将他们称为“利用厚生”学派。他们摆脱了传统朱子性理学的华夷观、名分论，创新性地积极吸收先进文明与优秀技术，试图改革朝鲜后期社会体制中存在的矛盾。其中代表性的学者有洪大容、朴趾源、李德懋、朴齐家等。他们有着良好的人际关系，均作为燕行使在乾隆年间到清朝切身体会并学习了当时清朝的先进文明。洪大容奠定了北学派的基础，他是第一位提出北京行的学者，被认为是北学派的先驱。他在其北京纪行文《燕记》中所展现出的对清朝文明的态度与立场，对之后的北学派学者产生了极大的影响。所谓“北学”，这一用语是源自朴齐家的《北学议》中的自序，朴齐家肯定清朝文明的先进性，并主张向清朝学习，由此而提出了“北学”。北学派所提出的“学中国”，实际上是主张学习清朝文明，在对西方文明的全新认识中，不断发展工商业和生产机械，学习生产技术，并以此为基础改革社会矛盾，促进国家发展。

北学派提出“利用厚生”的理论，强调推进社会改革，将先进的科学技术引入生产与生活，以此来促进经济发展，增加国家财富。这一观念同当时提倡“反清崇明”的传统华夷观、朱子学的义利观以及立足于名分论的北伐论形成了对立局势。

“丙子胡乱”之后，朝鲜王朝的统治阶层一直继承的是北伐论的治国理念，因此实际上并不认为在中国占主导地位的清朝文化是先进文化，同时对于中国文化的吸收学习也几乎处于完全封闭的状态。朝鲜的统治阶层封闭了唯一一条吸收先进文化的道路，在朝鲜全面推行朱子道统主义，在文化、思想方面均维持着封闭主义。北学派提出的“学中国”的对外认识，正是对这种封闭的华夷观的正面挑战。

北学论中的“崇清”思想，并非同北伐论中的“崇明”思想性质相同，而是克服了中国中心的传统世界观和不平等的华夷世界意识的独立思想。他们将此前华夷观中垂直的世界观转变成了“华夷一也”的水平关系。他们不仅仅关注中国先进的文化制度，同时对于流入中国的西学（西欧的自然科学、西方思想、天主教等）也展现出极大的兴趣。他们主张引进先进的西欧自然科学，同时致力于不断学习研究这些先进文明，将之投入实际运用。

北学派通过与生活在汉城都市氛围中的商人、手工业者的接触，切实感受到了发展工商业的必要性，他们试图通过扩大商品经济、革新生产技术来增加国家的财富积累，认为商业振兴才是国家财富的核心。他们发现造成社会贫苦的原因主要有两个方面：其一为由于生产力低下而造成的绝对贫困，其二为由于地区间物资不平衡而造成的相对贫困。在这一基础之上，为了克服商品经济的地域不平衡和孤立化，他们提出应强力推进全国市场网络的构建，实现国内市场的统一化。这是针对孤立分散的自然经济生产力低下问题而提出的解决方案。同时，他们主张为了促进全国市场网络形成，应加强车辆运输能力和道路设施等陆上交通网的构建，并开设江河及海洋交通线路。当时商品货币经济的发达和地主经济相结合，促进了农民阶层的解体。在这一情况下，北学派的工商业振兴论反对与特权阶层相互勾结的，以垄断利益的汉城六矣廛（国家垄断性御用商店）等御用商人、精明商人为代表的都贾商人和大商人阶层，提出了反都贾论和通共发卖论[①]，鼓励同大众消费生活息息相关的普通小本经营，鼓励小规模生产者间的自由的经济活动，并推动其成长。此外，在促进国内市场网络实现统一的同时，还提出与中国和其他沿岸国家建立海路运输贸易。朴齐家认为，通过“水路通商”与中国开展贸易，不仅能用朝鲜的棉、苎、麻布、海鲜等交换中国的绸缎、毛料、药材、武器等物品，获得经济利益，同时还能够学习中国多样的器用制度，引进图书，开阔眼界，增长知识，打破之前的知识界限。

北学派的工商业振兴论批判此前将社会职业区分三六九等，贱视商业的社会认识和身份制度。工商业振兴论重视利用厚生，从这点出发，这一理论批判重本抑末的本末思想，强调将“本＝农”和“末＝商”放在同一水平面的相互补充的关系，立足于四民皆劳的原则，对两班制度的虚伪性和士农工商的支配与被支配的垂直身份关系体制进行了强烈的批判。朴趾源也在《虎叱》《两班传》等文学作品中反映了两班阶层浪费国家财富的行为，并对此进行了辛辣的讽刺。北学派提升了位于社会最底层的商人的地位，将其同士农工置于同一水平上，主张士族同样可以从事商业活动。此外，他们还根据四民皆劳的原则，提倡不论身份等级，所有人均应当参与劳动，即使是两班贵族阶层，若不参与劳动，只顾个

① 通共发卖论：朝鲜王朝后期，为了废除店铺在市场的垄断经营，允许流动个体商人进行自由商品交易而实行的市场政策。这项政策是通过 1787 年的丁未通共、1791 年的辛亥通共和 1794 年的甲寅通共三阶段实施的。

人吃喝玩乐，也不应被社会所接纳。

北学派对农业领域也展现出极大的关注。他们同工商业振兴论一同提出了农业改革论，主张改革大土地所有制，改善农业经营，将农业生产与商品经济紧密地结合起来，实现向商业性质的农业的转换，以此来维护农业经济的稳定，促进农业生产力的发展。朴齐家提出，对农具、肥料、播种技术、采种技术、耕种技术、土地改良、救荒、养蚕、畜牧等农业各方面进行改善，同时将朝鲜同中国对比，突出朝鲜的落后性，主张引进先进的农业技术。朴趾源在《课农少抄》中对“限田论”展开叙述，批判了大土地所有制，提出通过改良农具、改良耕种方法以及使用水车来提高农业生产力。这一时期北学派提出的海外通商论和技术引入论，主张通过工商业发展，加强商品流通，促进生产和技术革新，鼓励海外贸易，以此来增加国家财产。这也为 19 世纪中后期开化派提出开港通商论提供了基础。

综上所述，所有这些改良思想的核心目标均在于学习中国，促进朝鲜社会的进一步发展。

二、清末洋务派在朝鲜问题上的错误及其教训

19 世纪中叶，清朝内外矛盾激化，忧患交加，不仅中国作为“天朝上国”的传统观念受到了前所未有的冲击，同时在东亚地区宗主国的地位也受到了强烈的挑战。随着欧美列强和日本势力范围加快扩大，重构国际外交成为摆在清朝面前全新的课题。与此同时，朝鲜政府也同样承受着欧美列强和日本的挑战，被迫开放门户。随着这一现象的日益严重

化，一部分朝鲜的社会人士也开始逐渐关注应当如何处理中国同朝鲜的宗藩关系这一问题。中日甲午战争之后，朝鲜在 1897 年 10 月正式将国号更名为大韩帝国，第二年，即 1898 年 9 月同中国签订了《中韩通商条约》，正式与中国建立了相互平等的外交关系。

在传统的天朝礼治观念的影响下，中国朝廷对于朝鲜相关事务仍然从传统的中朝宗藩体制出发进行考虑，这也是在“宗主国—藩属国”关系下而形成的外交格局。在宗藩体制下形成的两国间朝贡关系等内容十分多样且复杂，研究者甚至将这一内容划分为了朝贡关系和准朝贡关系两方面。对于前者，又将其细分为经济、礼仪、军事、政治关系四部分，而将后者细分为政治、经济、文化关系三部分。进入近代以来，晚清洋务派看待朝鲜相关事务的视角也随着时代变化而开始展现出与此前不同的变化，其中既有对全新时代所带来的冲击的反应，又包含了对传统观念进行调整的特点。

洋务派的朝鲜观根据人物和时期的不同，展现出些许的差异。不同人物的视角有所不同，即使是同一个人物，在不同的阶段，他的想法与观念也呈现出一定的差异。这些差异与不同均完全地呈现在某种政治观念中，形成了激进派与稳健派，这也体现了这一时期在清朝内部朝鲜观的差异。

其中的第一种看法是提倡对朝鲜进行直接统治，以此来稳定边防。一部分洋务派的朝鲜观完全立足于中国的视角，主张应当直接介入朝鲜内政，对其进行管制。这些主张者大部分是较为激进的年轻社会阶层人士，他们的主张属于激进派的朝鲜观。其中的代表人物有张謇（1853—1926)、张佩纶（1848—1903）等，他们的思想集中体现在张謇的主张中。张謇于光绪八年（1882 年）撰写《朝鲜善后六策》上呈朝廷，提出："于朝鲜则援汉玄菟，乐浪郡例，废为郡县；或援周例，置监国；或置重兵，守海口，而改革其内政；或令其自改，而为练新军，联合我东三省为一气。于日本则三道出师，规复琉球。"他们极力主张逐渐将朝鲜完全变为中国的属国，或是向朝鲜派遣外交官，监督指导朝鲜事务，使朝鲜完全处于清朝的监视与统治之下。

同年，张佩纶又奏陈《朝鲜善后六事》，认为日本自维新以来，内政外交均向西方学习，实则物价飞涨，致使民众叫苦连天，怨声载道。其海军陆军也向西方学习，进行武装，由于战争经验不足，虽然硬件设施均得以武装化，但是士兵体质虚弱。即使如此，日本却仍然蔑视中国，对中国虎视眈眈，欲吞并中国。现今中国应广造战舰，大举训练海军，使台湾、山东等地与南洋、北洋相互联结，消灭琉球，抓紧机会，展开行动，平定日本。他表示，若对于日益强大的日本坐视不理，必将后患无穷，日本已然对中国产生了巨大的威胁，更何况还有西方国家！

与此同时，张佩纶提出了六条应该对朝鲜实行的策略。其一为"理商政"，即派遣大员为朝鲜通商大臣，理其外交，预其内政；其二为"预兵权"，即选派教习，代购洋枪，为之操练诸军，护卫一方国土；其三为"救倭约"，即助朝鲜同日本签订条约，以此来向朝鲜要求其提供经费，此后进一步要求在朝鲜安派军队与大臣；其四为"购师船"，即资助巨额，购置师船，选拔精兵，驻守仁川，预筹辽防，以备缓急；其五为"防奉天"，即推荐圣京将军训练八旗子弟，统率大军，防御奉天；其六为"争永兴"，即防御日本和俄国占领朝鲜的永兴湾，认为"觇朝鲜者非独日本也，即俄人亦窃睨之，防倭不防俄非十全之策矣"。这些奏陈显示出了希望清政府直接介入朝鲜政府内政、外交、军事等事务，以及提防日本和俄国的野心的主张。

时任驻日公使何如璋（1833—1891）于光绪六年（1880 年）向李鸿章上书《朝鲜三策》，提出“于朝鲜设驻办事大臣，比蒙古西藏之例，期其内国之政治及外国之条约皆由中国为之主持”，外人不敢觊觎，是为上策；“令朝鲜与美德英法通商，同时速遣一干能悉外之利害之员往朝鲜代为主持缔约”，是为中策；即或不然，应请由总署，奏请谕旨，“饬令朝鲜与他国缔约时，在其条约开端声明‘兹朝鲜奉中国政府命，愿与某某国缔约’”，是为下策。通过其主张，可以清楚地认识到何如璋所持有的朝鲜观也是十分激进的。

其中的第二种看法是提倡应维持属国体制下同朝鲜的宗藩关系。在江华岛事件发生之后，日本于光绪元年十二月（1876 年 1 月）向中国派遣了驻中公使森有礼（1847—1889），试图来打探中国官方对于这一事件采取何种态度。他首先到总理衙门向李鸿章询问了对于此事件的意见。李鸿章表示：朝鲜贫弱，不足以敌日本，中国虽然可以通过条约来责问日本不应该侵越中国属国，但是日本会说中国一直推诿不管，届时又能拿日本怎么办？如果中国不管不问，不免让朝鲜失望、日本离心，这不免对属国及邻友太薄，最后两面不讨好；如果将来日本侵凌朝鲜，或者侵占“东三省根本重地”，中国“遂失藩蔽，有唇亡齿寒之忧，后患尤不胜言”。同时，总理衙门速向朝鲜朝廷寄出密信，劝告朝鲜忍辱负重，以期暂弭兵衅，并建议“将奏请礼部转行朝鲜一节作为收场，以示格外和好，藉答来意，而略缓其逞强黩武之心，更于大局有益”。在森有礼拜访李鸿章之时，李鸿章曾挥笔疾书“徒伤和气，毫无利益”八个字送给他。

光绪二年（1876年），总理衙门以朝廷的意图为基础，向日本说明了要调整朝鲜与中国的关系的想法，这反映了清政府仅仅注重自身宗主国的名位，在出现纷争之时，却希望息事宁人，采取消极应对的态度。

光绪十六年四月（1890年5月），时任驻扎朝鲜总理交涉通商事宜大臣的袁世凯在得知了朝鲜赵大妃逝世的消息后，即刻向李鸿章拍发电报，表示：朝鲜国大丧，各国派遣吊唁使臣，朝鲜王在各国使臣在汉城停留期间，欲向外界展示自身的主体存在，并不希望中国派遣钦差大臣，因此欲借此次机会向外界各国明确展示这一正式确立体制。袁世凯希望从政治层面利用此次机会，向世界各国传达朝鲜仍然是宗藩关系下的中国的属国这一信息。

朝鲜的对外开放已经在所难免。洋务派逐渐形成的观念也为国际法结构下签订的条约体系中中朝两国间的宗藩体制提供了基础。通过这一基础，首先可以牵制以日本为首的试图统治朝鲜的外国侵略势力，其次确立了宗主国的更高一层的地位，直接避免了陷入令人头疼的国际纠纷。根据相关学者的研究，最初提出朝鲜为了抗倭应当与外国开展交往的人是一位生活在中国的西方军官——日意格（Prosper Giguel，法国人），他于同治十三年（1874年）提出了这一想法。

光绪五年五月（1879年6月），时任总理各国事务衙门大臣的丁日昌（1823—1882）拟《条陈海防事宜折》呈送朝廷，提出应当运用国际法与外国签订条约，以实现朝鲜与外国通商。

按照丁日昌的构想，所有国家的实力都应当实现均衡，在这一基础之上，便能够防止日本对朝鲜的吞并。光绪六年（1880年），黄遵宪在《朝鲜策略》中提出朝鲜应当朝着日后条约体制下的总纲领发展。黄遵宪以问答的方式，介绍了东亚的国情和朝鲜所处的国际环境，主张朝鲜现今的当务之急并非防备俄国。抵御俄国应当采取何等策略呢？应当“亲中国，结日本，联美国，以图自强”。《朝鲜策略》在朝鲜国内引起了巨大的反响，国内势力也分为了赞成的一派和反对的一派，最终主张朝鲜应当开放的国王高宗和大臣们逐渐接受了这一策略。

根据学者的研究，李鸿章的朝鲜政策大体可以分为三个时期。第一时期为光绪五年（1879 年）之前，称作放任政策时期；第二时期为光绪五年至九年（1879—1883 年），称作牵制政策时期；第三时期为光绪十年至二十年（1884—1894 年），称作干涉政策时期。其中，在第二、第三时期，李鸿章曾试图广泛地援引国际法，以此来支撑中朝两国间的宗藩体系。

当时清廷下令，命李鸿章正式劝告朝鲜国王同欧美各国建交通商，以此来牵制日本和俄国的侵略与威胁。清廷的这一命令，正式给予了李鸿章主管朝鲜相关事务的权限。光绪七年（1881 年），总理衙门和驻日公使何如璋一一陈述了自身对朝鲜问题的想法，他通过整理这些意见，启奏朝廷，提出应当变通此前通过礼部与朝鲜进行公文往来的旧制度。

这在清朝和朝鲜间的宗藩外交关系上掀开了崭新的一页。李鸿章为了促使朝鲜同美国派遣的提督薛菲尔（Robert W. Shufeldt）签订条约，在双方谈判期间努力斡旋，最终促成了《朝美条约》的签订。

洋务派担心因日本的介入而致使中朝两国间的宗藩关系破裂。为了防止这一现象的发生，洋务派主张应当援引当时并未完全成型的国际法来解决朝鲜问题。这主张在当时充满变数的历史背景下，也同时将中朝两国的关系置于一种新旧秩序并存的态势之下。国际法中讨论的属国理论，为当时中国否认“朝鲜是自主国家”，并提出“主动介入朝鲜内政”的想法提供了理论依据。当时朝鲜为了尽快作为自立自主国家获得国际上的认可，不断地展开对外活动，但同时清朝也试图保住自身一直以来作为宗主国的身份地位。光绪十三年（1887 年），朝鲜向各国派遣使臣，袁世凯也抓住这一事件不放，迅速向李鸿章拍发电报，向总理衙门报告了这一事实。

如此，由于过分强调旧制度，也逐渐引发了朝鲜社会对此的反感。清朝考虑到中日两国在朝鲜半岛的僵持局面，为了防止问题持续化，洋务派于光绪八年（1882 年）开始转变对朝鲜的外交态度，给予其一定程度的灵活处理空间。

对于中国官方利用国际法来试图正式构建中朝两国间的宗藩关系这一做法，一些中国学者评价认为：清朝援引国际法中的某些理论，以此来赋予宗藩观念和宗藩秩序合理性，尤其是对国际法中属国理论中的许多模糊的部分进行自我的解读与应用，以此来使得构建宗藩关系显得更为顺理成章。事实上，清朝实施的朝鲜政策，使朝鲜在 1879—1894 年十余年间均维持了一种较为稳定的局势，这在当时绝非易事。但从朝鲜本身的角度来看，清朝的这一态度不过是在其他西方列强国家和日本的行动范围内极为简单的外交立场。这一点，通过驻日公使何如璋在《主持朝鲜外交议》中的叙述便能清楚地体会到。他在叙述中说：“然听令朝鲜自行与人结约，则他国皆认其自主，而中国之属国，忽去其名。救急在一时，贻患在他日，不可不预为之计也。”

在这样的历史背景下，朝鲜通过与列强签订的一系列条约被赋予了双重的国际身份：在宗藩关系内部，朝鲜是作为中国的属国；而在宗藩关系以外的世界，朝鲜则成为一个独立主权国家。因此，当时的朝鲜处于这种双重身份之下，一方面要在东亚和欧美两个世界之间艰难地踽踽独行，另一方面却要受到来自宗藩体制和国际公法的双重制约，实为不幸。

洋务派的这一朝鲜观的局限性主要体现在以下两个方面：第一，相对于一些保守官僚势力，洋务派尽管拥有对于近代化的新认识，却仍然停留在此前的思考方式之上，不懂得变通；第二，并未重视朝鲜的开化思想与开化派。

相对于一些思想保守的封建官僚，洋务派对近代西方新知识的理解提升到了一个新的高度，但他们大多数仍无法摆脱旧思想对其产生的巨大影响。以洋务派的代表人物李鸿章为例，他意识到了朝鲜一定要开放，且应当与西方国家签订条约，建立关系。但是他内心深处根深蒂固的宗主国思想却使他在制定朝鲜政策之时，只考虑到了清朝得以继续生存的危机感，却全然没有认识到只有朝鲜发展成为近代国家，实现独立自主，才会反过来推动清朝发展的这一事实。此外，他为了继续维持中国作为宗主国的地位，认为必须要维持朝鲜朝廷的稳定，并全力保护这一份稳定，却忽视了朝鲜国民追求社会变革的潜在意向。

自 19 世纪 90 年代，直到中日甲午战争爆发之前，清朝的朝鲜政策主要有两大目标。其一为维护“天朝上国”的尊严，确保其对于“藩属”国家的“宗主权”；其二为保卫中国国内边防稳定，抵御西方列强侵略。简单来讲，其目标可以归结为“保卫藩国，坚守边防”。

朝鲜的开化思想和开化派在 18 世纪后半期北学派的朴齐家等人的倡导下逐渐成形，到了 19 世纪 70 年代开放门户前后，形成了以朴珪寿为核心的体系，其中的代表人物有金玉均、洪英植、徐光范、俞吉浚、金允植等。

研究学者指出，开化思想根据朝鲜的历史时期和不同领域进行区分，各自拥有不同的内容。19 世纪 70 年代的“开化”是与“开放门户”作为共同的一个概念来使用的，必须要具备外国知识才能够称之为开化思想。发展到了 19 世纪 80 年代，这一观念逐渐发生转变，变为了通过外国技术来实现国家富强的思想。到了 19 世纪 90 年代，这一思想被认为是倡导国家独立（国权）和国民权利（民权）。因此，朝鲜近代的开化思想实为打破传统封建社会秩序，引进西方先进思想文化和社会制度，从而实现国家富强，建立近代民族国家的资本主义改革思想。这一思想的特点可以归结为三个方面，即建立近代民族主义国家，发展近代产业经济，以及树立近代文明社会。

随着开放的程度不断扩大，朝鲜的各种内外矛盾也逐一显现。壬午军乱前后，朝鲜内政弊端逐渐累积。此外，日本的侵略令胸怀国家改革意志的青年人站起来反抗，正式开始试图以开化自强、独立自主、爱国爱族精神为基础，推动国家的政治改革。此后爆发的甲申政变正是开化派实践自身理念的具体表现。学者们大多从政治方面来研究甲申政变，认为这次政变是为了将朝鲜王朝的专制主义政治向君主立宪制改革而进行的努力。其他学者也均对这次甲申政变给予肯定的评价，认为这次政变虽然失败了，但其在朝鲜近代史上却具有深远的意义。首先，甲申政变是在将封建的朝鲜发展成为独立、民主、富强的近代资本主义国家过程中所迈出的第一步；其次，甲申政变和开化思想促进了朝鲜人民的反侵略反封建斗争的开展。换句话来讲，甲申政变和开化派的活动开辟了朝鲜近代启蒙运动的全新局面。

开化派对于中国的观念也在众多方面发生了转变。以开化派的核心人物朴珪寿（1807—1877）为例，由于他主张开放门户，提倡开展独立自主的“和亲”外交，主要对外交领域的相关问题进行了深入的考虑。他认为应当摆脱外交上的孤立状态，并尽快改变长久以来一直依靠中国的局面。

开化派的另一代表人物俞吉濬（1856—1914）将对“独立自主”的追求体现在了其“开化观”中。他将世界各国分为了开化国、半开化国和未开化国三类。他认为朝鲜属于半开化国这一类，且现今的当务之急便是为了向开化发展而学习国学，并通过这一做法尽快实现向开化国家的转变。他在 1889 年创作的《西游见闻》中将当时的中朝关系描述为接受朝贡的国家和进行朝贡的国家。俞吉濬认为，虽然传统观念上中国同朝鲜为朝贡关系，但是对于其他国家来讲，朝鲜是自主独立的，因此他提倡适当摆脱中国的思想，是当时过渡时期思想的代表人物。

开化思想和开化派代表是寻求近代朝鲜新思想的新生力量。开化派大部分均为年轻的中层阶级官员，他们是拥有丰富的新知识，了解外国的先进思想理念，一旦机会成熟，便会将自身的想法付诸实践的一群人。但是洋务派却并没有重视他们这一股强劲力量的存在，反而认为他们总是在外交领域制造一些令人头疼的问题。

综合来看，在中日甲午战争以前，洋务派的朝鲜观是国内外政治局势变化下的产物，分为稳健派和激进派两方，在不同的问题上呈现出一定的差异。但是在对待如何处理朝鲜问题这一方面，两方却站在了同一战线上，均从维护清朝的固有利益出发，在这点上，稳健派和激进派达成了统一。

究其原因，则是因为清朝出于完全维护其宗主国的地位的考虑。虽然中国并未考虑过朝鲜的对外开放，也并未对朝鲜的近代化建设进行援助，但是却忽视了朝鲜开化思想中追求独立的风潮，最终致使中国的朝鲜政策以失败告终。日本为了取代中国的位置，对朝鲜半岛展开侵略，并最终成为朝鲜半岛的支配者。甲午战争之后中日两国签订了《马关条约》，通过《马关条约》的内容我们便能够确认，日本试图更好地利用这个机会巩固自身势力，迎合朝鲜“追求独立自主的风潮”这一事实。

《马关条约》第一条规定：“中国认明朝鲜国确为完全无缺之独立自主国。故凡有亏损其独立自主体制，即如该国向中国所修贡献典礼等，嗣后全行废绝。”这一规定展现出清朝作为朝鲜宗主国的观念在确立朝鲜政策的过程中成为漏洞。出现这一漏洞，虽也有由来已久的历史因素，但更多的在于洋务派全然忽视了朝鲜的状况和朝鲜今后的发展方向，最终没能够识破日本的野心。此后清朝在与日本的武力对决中败北，只能眼睁睁地看着朝鲜沦为日本的殖民地，之后甚至连中国自身也沦为了半殖民地，受尽了无数的苦痛与挫折。我们应当把这段岁月作为历史的教训，铭记于心。

三、受制于传统价值理念的中韩两国知识阶层

（一）清末中国知识阶层的观念论性质的儒佛思想的非现实论

数千年来，中国一直受到儒家思想的意识结构支配，西方的冲击令这一传统面临崩盘的危机。为了摆脱这种冲击，有人试图通过佛教的革

新思想来树立推动时代改革的理论依据，但以这一意识为基础来救世的想法在实践的过程中却存在着多重局限和矛盾。

无论从其所追求的人生价值观还是生存价值观来看，佛教对人类本身的存在均持否定的态度。换句话讲，佛教对人类所处的现实世界采取一种否定的态度。出现这种结果，是在由于社会阶级间的差异而承受压迫的过程中，所形成的十分痛苦的状况的反应。

尤其是在外国势力入侵，举国灾难之际，平民百姓所感受的苦痛更为凄惨，却还要苟且偷生。对此，中国近代的知识阶层将救国视为自身的义务与责任，仿佛自己是救世主。

这种想法普遍存在于中国清末知识阶层中，为了达成自身的使命，他们开始寻求新的理论，开始展开了对佛学的研究。当时的知识阶层希望以佛学理论来开展政治改革的构想的原因也源于此。

中国知识阶层的这种传统的忧患意识和使命感在其孩提时期便在教育和传统习惯的耳濡目染间，潜移默化地深深地印入自身的潜意识中，根深蒂固。尤其是清末的知识阶层，研读公羊学和佛典已经成为当时的一项惯例。公羊学这门学问，其宗旨便在于“经世致用”，佛典若失去了“救国救民”之宗旨，也不再具有其他任何意义了。这些清末的知识阶层从小便熟识公羊学的治世宗旨与佛典的救国救民之深意，因此当他们面对清末时期的社会现实，也必然会产生这样一种理想主义的救国思想。

如此，在他们成长的过程中，自幼便习得的忧患思想，与不断接触到的儒佛思想不断累积，日益增长，这种救世思想也自然而然地在其内心中变得根深蒂固。在这些知识分子中，代表人物有启蒙救世思想的康有为，其弟子——完善救世思想的梁启超，以及宣讲论述宗风的吴雁舟，提出经世佛学的谭嗣同等。他们在向当时的知识阶层启蒙救世思想的方面，起到了极大的推动作用。

其中最具代表性的人物要数康有为。他将佛教的普济思想形成体系，并以佛教的人生价值观为基础，提出了大同思想。梁启超作为康有为的弟子，全数继承其师衣钵，研习佛学，在了解了大同思想的宗旨后，完全吸收了经世思想，不断致力于推动其师康有为思想的进一步发展。他将思想升华到了另一个高度，认为为了国家可以牺牲小我，成全大我，个人的牺牲不足为惜，为国奉献，杀身成仁。

同梁启超的思想不同，谭嗣同的经世佛学一方面加强社会批判意识，另一方面则通过社会活动来具体践行以社会改革为核心的思想意识。谭嗣同的这一思想与行动对梁启超产生了极大的影响。这也正是梁启超所提倡的“悲智双修”，即将儒家中“仁智”的大义升华为佛学思想，认为入世即出世，净土即世间，主张他人与自我是统一的存在，他我合一的思想。这一思想的核心便在于使彼岸世界回归此岸世界，若放弃了众生则同样遗失了自己，其目标在于推动人们去改造自己所处的现实世界，去救赎芸芸众生。梁启超一直将“杀身成仁”和“救国救民”思想作为其平生开展一切活动的准则。在进行戊戌变法运动期间，他染病乘船前往上海途中与同僚间约定：“一家不毁，无以救天下；不杀身，无以成仁。”通过这一约定，也足以证明其意志。

梁启超的救国救民思想植根于佛教“有漏皆苦”的人生价值观，其理论依据在于“无明缘起”这一理论。

康有为的大同思想同样也是将儒佛思想结合，融汇中西思想的理论。这一理论中既包含中国的传统人本主义思想，同时也带有强烈的西方空想社会主义的色彩。因此这一思想是立足于宗教思想，以改造社会为标准的救国方针，可以说是通过儒佛思想的相互和谐来确立的救世思想。

但是清末时期思想家在实践能力方面却存在问题。我们会渐渐产生这样一种疑问：若他们真的能够不顾自身安危来践行自己所提倡的救世思想，中国又何以会沦为半殖民地社会，中国又为何迟迟难以构建向近代化国家发展的基础？

清末知识阶层所提出的改革思想具有以下两方面特点：其一是思想家们认为应当以其自身的才智积极推动政治和社会改良运动的开展，以此来振兴国家和民族的发展；其二是这些思想家满怀着作为一名学者的热情，认为应当毫不懈怠地致力于发展文化学术，以此来开创民智与新民德，消灭一切引发人类罪恶与社会腐败的因素。

但是遗憾的是，由于他们所持有的忧患意识与使命感中提倡“天下有道，以道殉身；天下无道，以身殉道”的观念，他们所提出的救世思想，根据其所处社会环境的不同，其表现方法也有所不同。这一观念正如其所表现的那样，尽管“以道殉身”和“以身殉道”均为实现“道义”之方法，但在具体实践的方法方面，是分别通过“兼善”和“独善”两种截然不同的方式，而由此也产生了一系列问题。这些问题也出现在了清末知识阶层思想家中，尤其在对于佛法的理解中，这一特点更为明显。具体来看，他们以启蒙众生之心，认为若要实现救国救民，就必须要依据于佛法。然而一旦状况与预想的不同，或并未完全按照预期发展，则以“生于菩提，归于涅槃”的态度来看待佛法。因此他们的救国救民思想也自然而然地被一分为二。在初期阶段，全身入世，东奔西走，为维新事业用尽全力，推动清政府改革积弊；而一旦到了后期，维新之路遇到阻碍，则转念“道”与“艺”，提振“民气”，希望通过巩固国家的基础，来尽到自身的责任，实现自身的理想。他们虽然在后期也体现出了从内心追求“自我完善”的人格的意志，但是却早已丧失了初期所提出的改革清王朝积弊、抵抗外来势力入侵的能力。

同时，这些思想家在初期所坚持的救世思想也并非是亲身践行，而是寄希望于一直以来掌握着国家权力的旧势力来推进国家的改革，在这点上，他们的救世思想也存在着问题。换句话说，这些思想家期望借在社会政治方面位高权重的旧势力之手，通过推行维新变法和立宪来实现其救国的政治方针。公车上书、戊戌变法以及借袁世凯之手推行行政改革等，均是出于这一想法、按照这一方式而进行的尝试。

此外，他们认为政治的基础在于社会，社会的基础在于国民，国民的优劣强弱则在于国民性。政治的清廉腐败、社会的兴衰存亡、国家的兴衰荣辱，这一切都取决于国民性。他们对作为执政阶层的君王和掌权阶层所寄予的政治希望过大，但同时又将一切失误均推于人民，其本身所具有的这一矛盾的思想也是导致其改革最终失败的原因之一。

这一思想令他们一旦在政治上遇到困难的情况，不会在现实中寻找原因，而是在启蒙国民性、提振民气的目标下，专注于教育与学术研究。秉承这种观念的最有代表性的人物便是梁启超。在初期，他积极地参与政治，但如果并未得到自己想要的官级，或有人反对自身的意见，他便转变自身的处世方向，辞去官位，远离朝野，或是投身著述和社会教育。这种处世方法也令其失去了升官晋级、身处高位、实施自己的改革意志以及同君主议政的机会。持有这种处世态度的不只有梁启超，除了少数的几名知识分子以外，其余大部分知识阶层几乎均有着这种处世观，他们只空谈理论，却不亲身参与政治与社会生活。有评价认为，正是这一处世态度，从事件最初就决定了他们的改革意志无法取得成功。

相较于对国内状况所采取的处世态度，更为严重的问题表现在他们尽管对于海外文明相关书籍进行了较多研究，但对于其中提及的西方的优越点，以及西方的新文明均不以为是，仍故步自封，坚守自身原本的思想，只停留在将自身原本的思想进行合理化运用的层面。他们认为消灭国民的“精神贫瘠”最好的方法是东方的事物，即中国和印度的事物。同时认为改造国民性、增进国民道德的最有力的武器是儒学和国学的第二思想源泉——佛学思想。他们主张只利用东方的学问来提振民意，巩固国家的根基。清末知识阶层的这一“中体西用”的思想，没有清楚地把握中国社会的现实，因此，也并未寻得处理社会状况的解决方案。

综上所述，清末知识阶层试图通过儒佛和谐来救世的思想并不需要批判，但是他们却对世界的风云变幻并不警惕，贪享安逸，他们的行动与研究仅仅止步于批判清朝的无能与积弊，却并未成为推动社会改革的一个有力武器。

因此，清末知识阶层的救世意志自初始之时便决定了其必将失败的结局，也注定了清末知识阶层最终以悲剧收场。这一思想最终导致中国沦为了西方列强的半殖民地。

（二）朝鲜末期知识阶层独善的小中华主义的悲剧

朝鲜在积弊改革和近代化进程方面，呈现出了与中国和日本截然不同的情况。这是由于韩国知识阶层的思想和行动方式同中日两国的知识阶层存在着本质的区别。例如，在以儒家思想为基础参与政治的知识阶层中，并没有人关注佛学中的改革思想；采取追随、依靠中国知识阶层的意识倾向的态度，模仿中国的改革，而非西方的近代化改革。

不容忽视的是，虽然也存在一部分知识阶层，如刘大痴、崔汉绮、吴庆锡、朴珪寿等人对佛教也展现出了一定程度的关心，但他们并未积极地采取这一思想，其探索仅仅停留在儒家观念的水平上。此外，他们大多为驿官或中人阶层出身，即使成为进士也无法再进一步加官晋爵，因此，无论在思想方面，还是在实践方面，他们都不可能站在引领社会改革和近代化发展的中心位置。虽然这些人通过阅读由中日两国引进的书籍意识到了新知识的必要性，为日后成为改革核心势力的知识阶层提供了经验与教训，但是他们却仍然难以成为推动时代变革的中流砥柱。朝鲜末期知识阶层在社会中所起的作用不及中日两国知识阶层，最终导致了朝鲜王朝灭亡。他们并未进行近代化之路的探索，展现了社会发展的局限性。

朝鲜知识阶层遵循的朱子学一尊主义的思想根据为“道统”。所谓“道统”，指的是传授儒家之“道”的圣贤的继承体系。朝鲜末期思想界的主要学派华西学派所坚持的道统是：孔子→孟子→朱子→宋子（宋时烈）。华西学派的长老李恒老主张反洋夷的攘夷论，同宋时烈的反清的攘夷论、朱子的反金的攘夷论是一脉相承的。自宋时烈时期以来，朝鲜便以小中华自居，用“洋夷”代指以武力来挑战朝鲜的西方国家，而对于曾作为自身邻国的江户幕府倒台后形成倭洋一体化的明治政府则称之为“倭夷”。

这一“卫正斥邪”思想的理论依据源于“尊华攘夷”的名分论。立足于这一名分论，华西学派认为守护小中华并不仅仅是朝鲜独自的问题，而是将其扩大为人类普遍的使命。李恒老的门下弟子金平默、柳重教、崔益铉、柳麟锡等主张为了守护小中华这一孤垒，应当视死如归，进行反侵略、反近代化斗争，并毅然决然地加入了抗日役兵的队伍中冲锋陷阵。这一行为也正是他们所提倡的“杀身成仁”思想的践行。

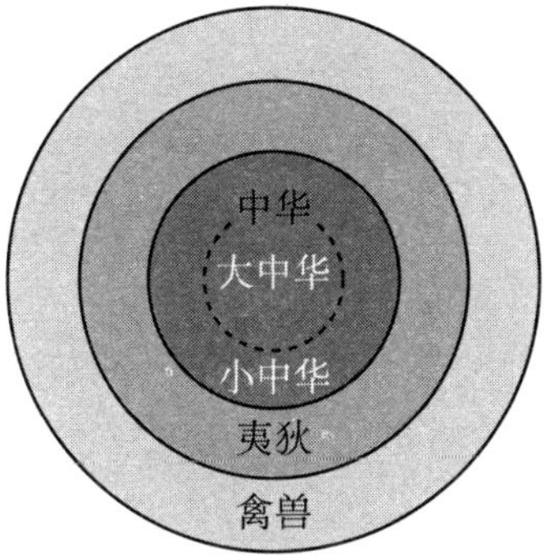

小中华思想的华夷秩序

但这里所说的“杀身成仁”与前文中梁启超提出的“杀身成仁”思想是两个完全不同的概念。正如前文所指出的，以梁启超为首的中国清末知识阶层的杀身成仁思想是为了实现救世救民，而朝鲜末期知识阶层的杀身成仁则是源于抵御洋夷、守护小中华主义的名分论的思想。

尽管誓死守护人类最后的孤垒的朝鲜拿起武器进行抗争的使命感实为悲壮，但这一悲剧也表现出无法正确认识当时世界与现实变化的这一点。一直以来，由于朝鲜只是通过宋代朱子学这一过滤镜来看外面的世界，对于外界世界的理解和认识也处于全然不知的状态。总的来讲，这一行为在抵抗外国势力侵略方面也许有一些作用，但是对于朝鲜未来的发展却丝毫起不到任何帮助作用。

对于西方的冲击，朝鲜所做出的反应与清朝、日本两国完全不同。

即使在经历了丙寅洋扰和辛未洋扰两次西方列强的骚扰之后，朝鲜依旧没有认识到军事现代化问题这一当务之急。虽然在这两次西方列强进行的侵略战争中，朝鲜都奇迹般地取得了胜利，但是朝鲜军队并未详细考察西方军队所使用的“兵器”与“武器”，甚至没有一个人关注西方的科学与兵法，提出对其展开研究的必要性。在这点上，朝鲜的知识阶层同中日两国的知识阶层相比，展现出了巨大的差异。

朴珪寿门下的一名书生金允植在与朋友的信件中曾引用魏源的一句话，“不务兵多，而唯求炮精”，这也是朝鲜知识阶层中唯一一位关注西方事物的知识分子。这一现象也显示了当时朝鲜的知识阶层仍然作为一名儒者来思考事物，故步自封地重“道”轻“器”，重“文”轻“武”，深深地陷于“尚文贱武”的小中华意识。在这样的意识中，必定难以确立近代化的概念。尤其是痛击了两次外来侵略之后，朝鲜的知识阶层认为应当根除侵略，主张“洋物根绝论”等。以这些事实为基础，可以知道，朝鲜社会并未关注西方世界的变化。

这一思想的根源在于李恒老的主张。对于理气论，李恒老认为“理”为“统气之主”，“气”为“载理之气”。朝鲜理气论的基本观点是“理主气客”。将“理”与“气”置于何等位置这一问题，直接关系到如何统领天下、治理国家。以这一意识为基础，朝鲜知识阶层将“道”与“气”相互联系，这也成为他们对待西方的基本立场。换句话来讲，即他们认为必须明确规定“道”（形而上学）与“气”（形而下学）两者间的尊卑、大小关系。

在这一观念下，自然而然地便会产生这样一种认识：西方的商品（工业产品）在日常生活中丝毫无用，反而会破坏社会中原有的传统美德。他们认为西方的事物是“奇”“淫”之物，有违正道。这也正是卫正斥邪派所主张的“清贫思想”。所谓“清贫”，指的是决不使用洋夷物件。

从这点来看，朝鲜末期的知识阶层均坚守朴素清净，誓死守卫小中华，拒绝其他一切国家的宗教文化的流入，同时反对与这些国家通商，不关注这些国家的先进的科学技术。在这样的社会环境下，别说实现近代化，连对近代化的探索之路也被堵死，最终这也使朝鲜不可避免地沦为了殖民地国家。

儒家思想的核心价值观在于“伦理道德”和“祖先崇拜”，其根本目标是讨论如何承认人类的绝对存在性和生活方式。在承认这一存在性的过程中，确立了“孝”这一最为重要的价值观。孔子将这一维持家族关系的家族伦理升华为了“忠”这一概念，并将其上升到了社会伦理和政治理论的高度。此后，有更多的儒学家不断继承发展这一理论，将其拓展到了政治理论和经济理论的范围。儒教的社会势力不断扩大，发展到后期，逐渐成为国家的统治理论，成为制定国家政策的依据，国家政策的执行者均为熟识儒教思想的官员，由此，儒教思想在数千年来专制王朝的传承中起到了至关重要的作用。

而与此不同，佛教思想相对于现实层面，更多的是化解对于来生的不安，并以此为基础，与将现实中的问题以死亡作为局限的这点对比，以此获得心理安慰。

在儒佛思想相互和谐、不断深化的过程中，逐渐形成了一个区域文化共同体。这一地区便是东亚地区，其中中日韩三国在儒佛思想的相互和谐方面体现得最为突出，且均将其视为推动历史发展的原动力。与其他地区的国家不同，这一思想令中日韩三国得以延续数千年来的历史，即使发展到今日仍备受世界瞩目。换句话来讲，在儒佛思想的有机作用下而形成的三国国民的绝对的价值观，即包容性、创意性、应对能力等品德根深蒂固，并在此基础上，实现了政治、经济发展，现今中日韩三国已然站在开启东亚时代的起跑线上。

在历史发展过程中，当中韩两国发生争执或遭遇外来（北方民族）侵略之时，对东亚社会产生的不良影响十分巨大；而相反，当各国相互和谐、相互支撑，形成共同的情感体系之时，则不仅能够推动国家间稳定的交流，对经济和文化的发展也会产生积极的影响，对这一事实我们需要铭记于心。

但是进入近代以来，随着全新形态的西方影响的冲击，儒佛思想传统的历史作用、传统价值观和社会应对能力均出现了混乱，之前能够抵御一切冲击的东亚世界的有机体系也最终轰然崩塌。换句话来讲，面对这些非传统性的时代变革，在依靠儒佛思想而建立起来的传统价值观的基础之上，一些国家很好地适应了这些变化，成功地实现了近代化；而另一些不能够很好适应的国家则在进入近代化的关口前受到挫折，或者根本就难以靠近近代化。前者的情况是日本，而后者说的则是中国与朝鲜。

综合来看，日本虽然较晚才从朝鲜接受了性理学，但是却灵活地运用这一思想所具有的统治理念的作用，同时将其与符合自身社会情况的儒佛思想相结合，形成能够消化西方社会冲击的意识结构，从而实现了近代化。

与此相比，中国在清朝末期为了抵御西方势力的侵略，尽管试图将佛教的改革思想转换为救世思想，但却难以摆脱早已根深蒂固的“尊王攘夷”的儒教观念的影响，最终在进入近代化的过程中，并没有找到正确方向。中国尽管试图通过儒佛思想的统一来应对时代变革，但却并未清楚认识到西方近代文明产物的价值，同时由于自身行动方式的自我矛盾，最终只能够承受西方列强的侵略。

这一时期，朝鲜所面临的危机最为严重。此前朝鲜的知识阶层一直固守儒家的唯心主义理论，也一味地试图模仿中国的应对方法，但对于西方文明产物，相较于中国的知识阶层，他们却显示出更为严重的排斥思想与态度，对于在朝鲜王朝中受到排斥的佛教思想也并未显示出丝毫的关心，只一心执念于誓死守护所谓的小中华主义。中国和日本均为了克服危机状况，通过儒佛思想的和谐来寻找应对的方案，可朝鲜却丝毫没有做出任何尝试，完全自我封闭，墨守成规，对世界的变化与先进文化视而不见，最终沦落到无论何时都要受到相对于自身处于优势地位的日本的殖民统治。

第六章

中国革命前后中韩两国的关系

一、东亚新秩序的构建与中韩关系的现代意义

（一）中国国共两党政策路线与韩国统一战线的性质

20 世纪前叶，持续了两千余年的东亚世界旧秩序轰然崩塌，取而代之的新构图则可归结为日本帝国主义和与之进行抗争的殖民地、半殖民地国家的对决。而从韩国方面来看，这一新构图的起始点便是东学运动。东亚世界的特点在于国家间形成的有机关系，而东学运动也可以看作正是由此特征而引发的。韩国全罗道古阜郡郡守赵秉甲横征暴敛，走投无路的农民叫苦不迭，不堪忍受，而正是在这样的背景下，东学教徒揭竿而起，这项运动一发不可收拾，以燎原之势扩散至全国各地。朝鲜政府的武力镇压以失败告终，其并未从长远角度深入考虑国际问题，便向旧东亚秩序下自身的坚强后盾——清朝，请求派兵支援。袁世凯麾下的清朝军队出兵朝鲜，与东学农民军展开对抗。与此同时，一直以来对朝鲜半岛虎视眈眈的日本也以《天津条约》的内容为借口，向朝鲜半岛派兵，一方面应对清朝军队的行动，一方面则投入对东学农民军的镇压。在这样的情况下，武器装备落后缺乏的东学农民军节节败退，最终被镇压。

但清朝军队和日本军却由于利害得失划分问题而陷入胶着，两方均迟迟不肯撤兵，不断激化的两国间矛盾最终愈发激烈，导致了中日甲午战争的爆发。

这场战争也是决定东亚世界旧秩序存亡与否的最终世纪之战。明治维新后的日本，西方机械产业发达，且同西方欧美国家类似，经历了经济危机的历练；而与此相对，清朝则仍在旧的秩序体系下，故步自封地认为保护朝贡国是自身的义务。两国军队间如此巨大的差异，也导致了清朝军队的节节溃败。战败后，清朝与日本签订《马关条约》，规定清朝须向日本交付 3 亿美元的赔偿金。当时清朝年均预算约为 1.5 亿美元，日本的年均预算约为 1 亿美元，从这一数据来看，清朝需将自身两年预算原封不动地向日本拱手相让，而日本则坐收三年预算。日本以这笔资金为资本，瞬时解决了国内经济矛盾，并借力已经相对成熟的机械工业基础，加快了向军事国家发展的进程。至此，东亚世界旧秩序全然崩塌，取而代之的是日本与其他东亚弱势民族间的对抗局势，东亚世界新秩序初露端倪。

中日甲午战争之后，日本军事实力迅速发展，自信感极度膨胀，于 1905 年向俄国宣战并取得胜利。1905 年 9 月 5 日，日俄签订《朴茨茅斯和约》，日军占领了辽东半岛，将其更名为“关东州”。自此不断进行领土侵略，1910 年占领了朝鲜半岛，1914 占领南洋群岛、青岛，1931 年占领中国东北和蒙古南部地区，直至 1937 年日本侵华战争之时几乎占领了中国大半领土。

在如此历史背景下，中韩两国可谓同病相怜，联合抗日成为摆在两国面前的唯一选择。但在日本侵华战争前，中国仍然坚守东亚旧秩序来开展国际关系。从国民党领导人孙中山的发言中，这点也可以得到确认。1919 年 2 月，孙中山在与美国驻上海领事馆沙曼斯（Thomas Sammons）的会谈中表示，中国在朝鲜问题上，不向日本和其他国家进行让步，尽管朝鲜问题急需合理妥善解决，但由于列强对此问题采取何种态度不得而知，因此中国在此问题上仍犹豫不决。

不仅政治领导人如此，中国的普通民众也持有类似的观念。在得知朝鲜被日本吞并的消息后，《中国公报》1910 年 1 月 7 日，就曾发表评论称，“番邦有难，救援不力，绝不容忍朝鲜半岛沦入他人之手”。当时的国民政府并不认可正在巩固自身地位的大韩民国临时政府，国民党方面对于韩国问题的这一看法也一直持续到了解放战争时期。

1944 年后，第二次世界大战逐渐接近尾声，随着苏联介入东亚问题，国民政府也开始强烈地支持韩国。尤其是《开罗宣言》的签订和对托管制的反对均对推动韩国争取独立起到了不可小觑的作用。需要指出的是，这些努力对今后韩国政府掌握统治权做了准备，并且之后韩国右派势力得到国民党的保护与支持，开展独立运动，在中韩关系中也占据了重要地位。

中国共产党与国民党的立场稍显差异。共产党相对国民党成立较晚，同时也受到当时的权力持有阶层的压迫与排挤，可谓处于十分困难的处境。在这种状况下，中国共产党希望争取韩国扩大反法西斯统一战线。同时，韩国人也利用共产党方面所处环境的不利条件，不断地自行开展独立运动。在 1927 年国共合作决裂后，金弘壹表示，加入中国革命战争，仅仅是为了在之后中日战争爆发之时，我们能够抓住时机寻求大韩民族的独立与发展，实现这一远大的计划。

参与中国革命的众多韩国进步人士也付出了巨大的牺牲。但即使在这种情况下，南京国民政府的消极抗日路线也令更多的韩国进步人士对其失去信心，加入共产党的阵营。

国共两党间的矛盾分化，使韩国人逐渐分为左右翼阵营，各自践行着自身的政治路线，开展独立斗争。但是在这样的历史背景下，以韩国人民本体性的自我觉醒为基础，左右翼阵营仍然精诚团结，结成统一战线，开展民族合作战线运动。这在韩国人民的独立运动史上具有重大意义。虽然这一合作战线最终以失败告终，但在国共两党的政策协商下，直至迎来解放，这一合作战线均持续为推动民族独立而不断努力，展现了韩国人民自身为赢取民族独立众志成城、团结一心的伟大力量。这一合作战线的最终失败并非令人遗憾之事，对此，韩国共产党代表人物金山曾对其原因做出如下解释：

> 尽管实现方式不同，但全体韩国人所热切期盼的事物唯有独立与民主主义两个。但从实质上来讲，所期望的事物只有一个，这便是自由。韩国人民为实现广大的民主主义而付出的努力与行动是强烈的。我们无法发展执政党的强大中央集权组织的原因之一也正在于此。各个党派均坚守自身存在的权利与发表政治见解的权利，同时，每一个个体也不断为自身的信念自由而斗争到底。

如此，一方面并不抛弃对自身信念的坚持，导致合作战线难以将抗日力量集中起来；但另一方面，合作战线中不畏牺牲自我、舍己抗日的彻底的斗争精神，也正是来源于这种对自身信念与自由的顽强不屈的执着与追求。

值得关注的是，尽管处于中国国共两党各自不同的政治政策的影响下，韩国独立运动家们无论左翼右翼，均追寻自身信念，积极开展民族独立运动。这表明国共两党的利害关系同韩国独立运动家们的利害关系相互一致。换句话来讲，即国共两党同韩国独立运动家在各自的筹划中相互合作，相互支持，并在合作中认识到对方的必要性，建立了友好关系。

尽管两者间的关系并未达到相互满足的高度，但在当时客观的历史条件下，两国相互联合开展斗争，并获得了实质性的斗争成果。这也使得中韩两国之间继续保持着这种远超其他国家的友好关系。

新中国成立后，国际社会进入冷战时期，即使如此，这种感情却仍难以轻易被抹去。

殖民地半殖民地国家同日本帝国主义的对抗贯穿于整个 20 世纪的东亚世界秩序，这是在旧秩序轰然崩塌之后自然形成的新东亚构图。在共同抗日的主题下，各国均根据自身的利害关系来制定对其他国家所采取的政策措施，在这一过程中，相互之间开始建立起互信互助的友好关系。新中国成立之后的几十年间，东亚世界的各国不断地探索巩固自身发展与稳定的发展模式，再次清楚地认识到相互之间的依赖性才是合作的基础。至此，各国之间差别性的、上下隶属的观念早已不复存在，只剩下良性竞争。

（二） 促进新秩序构建过程中中韩两国的作用

20 世纪前半期，经历了两次世界大战后，帝国主义国家本身也开始否定战争和侵略主义，其结果尽管加快了殖民地解放，但也加剧了民主主义和共产主义间的意识形态冲突，直接导致了冷战体系的形成。因此，“美苏霸权主义”“自由主义同社会主义的对立与矛盾”“世界各国的权力政治与现实主义”等思想不断蔓延。为了防止这些矛盾不断激化，引发战争，联合国提倡和平主义，强调世界各国间的合作与共存，这一主题贯穿于整个20 世纪。

但随着一些社会主义国家的解体，20 世纪最终也伴随冷战体系的终结而步入尾声。最近开始探讨 21 世纪的国际新秩序，提出了所谓“新秩论”。

可现今世界并非只是一纸面向未来的充满希望的规划。20 世纪末以来，国际秩序风起云涌，日新月异。伴随着国际政治与经济的飞速发展，国际社会的机构系统与机制也不断变化，各种跨国企业、非政府组织以及个人等国际活动参与者与组织机构逐渐多样化，国家规模与综合国力、国际地位渐次多元化且阶级化，这极大拓展了国际活动参与者间相互影响、相互合作的范围，为此注入了更大的流动性，但在国际问题国内化、国内问题国际化等方面也可能会造成更大程度的混乱。

从这一层面上来讲，之前的所谓国家内部问题、民族内部矛盾将荡然无存，均被扩大为整个世界范围内的问题。文化差异所引起的矛盾与冲突将进一步扩大，仅仅依靠以欧美世界为中心的价值体系，将有更多难以解决的问题，如南北问题、贸易摩擦、武器与技术的转让、民族、种族、人权、环境、核扩散、恐怖袭击等一系列问题。

而如今，为了解决上述问题并且协调国际关系而形成的国际秩序也凸显出自身的局限。现今，仅仅依靠现实主义者所提倡的权力政治论与新现实主义者所宣扬的超越国家界限的相互依存论，已难以解决这些问题。究其原因，在于他们所坚持的理论原理仍未摆脱以欧美为中心的国际秩序内“负遗产”的影响。

由此，我们所需要克服的问题不断增多，但一时却难以提出能够妥善处理这些问题的方法，反而为了谋取自身在区域内的更多利益，全力推动区域集团化进程。在这样的现实状况下，为了能够从全球化的高度出发，共同处理这些问题，我们应以现代社会的理念不断改革东亚世界的旧秩序，使之融入日新月异的世界关系结构。

近代以前，东亚世界秩序以华夷观念为基础建立，被称为“华夷秩序”。这一秩序意味着以中华为世界的中心，与周边国家建立朝贡、册封体系。这一秩序是以中国古代的敬天思想，以及植根于华夷秩序的四维认识为基础的天下观念，在以中原地区为代表的东亚广大区域，形成了以中国为中心的“自我完善的文化圈”(东亚世界)。

因此，需要树立东亚世界作为“自我完善的文化圈”这一全新视角。简而言之，尽管东亚国家或多或少均受到中国文化、中国文明的影响，对此进行接受与继承，从这一层面上讲，东亚世界可以看作“共同的文化、文明圈”；但中国文化与中国文明也在不断地变化发展，受其影响的地区、国家间，也会吸收借鉴不断变化发展的中国文明，由此必将与现阶段固有文明交错融合，最终构建一种全新的文化与文明，从这一层面上来看，东亚世界可谓是一种“自我完善的文化圈”。

因此，古代东亚世界秩序是中华世界秩序的代表性体现，但“自我完善的秩序体系”并非仅仅依靠此秩序而得以构建。东亚世界的华夷秩序结构与中华意识（华夷意识）观念是并存的，均形成了各自思想下的传统国际秩序，因而，广为人知的华夷秩序也仅仅是东亚地区内多种秩序中的一个代表形态。

华夷秩序作为一种国际秩序，具有如下特征：华夷秩序不同于欧美世界的秩序。欧美世界的国际秩序更为重视外交、国际关系以及领土扩张，而华夷秩序并非如此。在华夷观念的影响下，其所提出的“华”“夷”之别，相较于地域区分，更为重视文化方面。因此，其所提出“内”“外”之别并非是区分领土的观念，而是依托版图观念而形成的一种更为宽泛模糊的概念。在这一观念下，拥有自身版图的地区及国家在“内政和外交”方面具有自主权，而同时还受到华夷秩序中所提出的天下主义、大同主义、文化主义、事大交邻等和谐共存思想的影响，向其他国家和区域进行开放。

同时，中华文化圈的国际秩序也包含了“理念与现实”“伦理性与政治性”“王道与霸权”“儒家与法家”等观念的二重性，华夷秩序虽追求和谐与共存，但在现实中仍需通过多种弹性政策和谈判手段来促进各地区间的交流与合作关系。此外，在现实统治层面，不仅尊崇重“礼”的儒家思想，对重“刑”、重“武”（力）的统治观念也有所应用。因此，当与其他区域及国家间无法根据“德治”与“礼”来实现和谐共存之时，也将通过“怀柔”“羁縻”“征服”“服从”等手段来达成目标。而当某些地区或国家对华夷秩序产生威胁之时，则依据排外主义共同与之对抗，展现出民族主义的双重特征。

如此，东亚世界尽管存在形式不同，但却通过有机的关系相互联系；尽管看似相互分离，却又通过深层内在联系紧密联结在一起，形成一个共同的体系，并以此共同体系为单位在历史中前行。

但是在近代之后，这种有机的纽带关系随着西方列强和日本帝国主义的入侵而逐渐消亡，理念与体制也逐渐分化，各自开始谋求自身的求生之路。在此过程中，相互间的矛盾激化，竞争激烈，一些地区和国家间关系逐渐恶化，演变为兵戎相见的仇敌关系。之后随着冷战格局解体，中国改革开放取得举世瞩目的成就，中韩两国又重新建立了良好的外交合作伙伴关系并维持至今，获得了国际社会的广泛认可。为了维持世界长期的稳定与和谐，构建全新的世界秩序，需要以两国间的友好交流合作为基础，不断推动周边地区及国家间紧密的交流合作。

为此，我们应当尽快在现今国际秩序的基础上，重新发掘华夷秩序（和谐与共存的理念）的本质特点，克服此前狭隘的中华意识，与对象国相互理解、相互配合、相互帮助，实现共赢，回归中华意识的真谛，致力于重新构建和谐安定的中华文化圈。同时，为了完善补充以欧美世界为中心的世界观、人类观和价值观，也需要对东亚秩序中的儒教原理进行全新的探索与发现。

从这一层次来讲，我们需要更加坚定不移地推进中韩两国间面向未来的友好合作关系。中韩两国在近代之后，没有意识到世界范围内日新月异的变化，松懈大意，骄傲自满，最终沦为半殖民地或殖民地，经历了惨淡的时代。而正是在克服这一民族苦难的过程中，中韩两国精诚团结，亲若手足，共同抵抗日本帝国主义的残暴统治。自 1992 年中韩两国正式建立外交关系，至今已有 20 余年，此间两国关系飞速发展，取得了举世瞩目的成果，早已超过韩美、韩日关系的发展，这也证实了中韩两国对彼此与生俱来的重要性。

两国正式建立外交关系以来，相互学习发展模式，相互借鉴发展经验，推动两国间贸易投资的不断活跃，成为加速经济增长的原动力。随着两国间贸易依存度的不断增长，在围绕朝鲜半岛所展开的国际关系舞台，中国也不断地发挥着援助与调和的积极角色，对缓和朝鲜半岛南北关系做出了巨大的贡献。

如今，中韩两国之间差别性的、上下隶属的观念早已不复存在，通过两国间良性竞争，促进本国与世界发展，是两国发展的必由之路。我们必须认识到这一点，不断致力于推进两国间友好合作。

二、在韩华侨的经历、曲折与希望

（一）在韩华侨的曲折与奋斗

根据《尚书》和《汉书·地理志》记载，早在商周时期就已经有中国人到达并定居于朝鲜半岛。但是直到 1882 年《中朝商民水陆贸易章程》签订以后，在朝华侨社会才随着中国人民正式移居朝鲜而真正形成。在条约签订两个月以前，即 1882 年 6 月，清政府为了帮助朝鲜王朝，发兵 3 000 余人，分乘 3 艘兵舰和 2 艘商船，由山东烟台出发，一个月后抵达汉城。随军而来的华商有 40 余人，他们被视为第一批在朝鲜定居的华侨。

这批商人来朝鲜的目的是帮助清政府派驻朝鲜的军队。他们和朝鲜人进行交易，帮助长期驻扎的军队筹调物资。最初的两三年间，在清政府的庇护之下，华商们的生意一帆风顺，这也为后世华商的繁荣昌盛奠定了坚实的基础。

同时，在日本港口城市定居的一部分华侨也随着当地日本人一起进入朝鲜半岛，定居于釜山。两年后的 1884 年，清王朝在仁川设立了租界，清租界成为华商在朝活动的基地，华人可以搭乘定期从山东半岛出发的船只来到仁川，此时仁川的华侨数量已经增加到了 235 名，而定居在与仁川商业来往密切的汉城的华侨数量也大幅增加到 350 人左右。

当时的华侨如果想要在朝鲜半岛定居，完全不需要像今天一样麻烦的手续和证书一类的东西。但凡是想要来往于中国与朝鲜的华人，都可以携带各式商品，自由经商。

20 世纪 20 年代，在朝鲜半岛的华侨之富无人能比。尤其是 1927 年前后，华侨的活动最为活跃。此时华商们从中国大陆带来了大量的特产，纷纷开设了杂货店、绸缎铺、洋服店以及理发店等店铺，后来则通过饮食业获得了大量的利润。根据朝鲜总督府 1923 年的统计，当时居住在汉城以及仁川等地的华侨达到 6 000 余人，他们在 40 年间向中国输送了约 1 000 万日元。

在此基础之上，有更多的华人在中国抗日战争胜利国内政治局势混乱的情形下进入朝鲜半岛，他们也趁着朝鲜半岛的动荡局势，利用自己的贸易关系网络，赚取了更多利润。华商的贸易额占到了 1946 年朝鲜半岛贸易总额的 82%，到了 1948 年，这一数字是 52.5%。

1948 年，韩国政府成立后，社会体系逐渐步入正轨，形成体系。此后，随着韩国政府逐渐放宽各种制度的限制条件与规定，有更多的华侨通过韩国，开始向中国香港、中国台湾以及东南亚等地区转移。

而随着移民限制政策的实施，韩国开始禁止外国人进入韩国，由此也导致了华侨进入韩国行为的中断。此外，1949 年中华人民共和国政府成立，为了抑制移民，作为其政策中重要的一环便是禁止本国公民出国，这同样也断绝了在韩华侨与中国交流的机会。在这样的历史背景下，受到中韩两国充满变数的政策影响，曾活跃于中韩两国间华侨的贸易途径被切断，在韩华侨此时也不得不重新寻找自身在韩国社会继续维持生计的方法。

社会环境的巨变，使在韩华侨必须直面由此带来的艰难的生活状况，尤其在朝鲜战争后，其生存状况更是堪忧。当时韩国自由党手握韩国司政大权，在朝鲜战争开战前，下达了仓库封锁令。无法使用仓库，这对于华侨贸易商人来讲，无疑是难以估量的巨大打击。而此后下达的外币使用限制规定更是如同束缚了华侨贸易商的手足，令其举步维艰。政策的打击，令华侨贸易商再也无法抗衡来自韩国企业的竞争，节节败退，逐渐退出了历史舞台。

但对华侨贸易商的打击并未就此终结。当时韩国无论在社会还是经济方面，都无暇顾及外国人的感受。1961 年实行的禁止外国人持有土地的立法中规定，外国人所持用的土地必须要获得韩国政府的允许。当时说起外国人，大部分韩国人均会联想到欧美国家的人，考虑到他们对韩国政府的建立起到了巨大的积极作用，因此韩国政府给予他们很多优惠措施；而与此相反，提起华侨，则不仅认为其与自己容貌相似，更因为两国间已正式断绝外交关系，所以当时华侨所持有的大部分土地均难以获得韩国政府的承认，最终不得不低价变卖。

尤其是于 1962 年 6 月 9 日晚 10 点，李承晚军事政府颁布“紧急货币调整法令”，开展第二次货币改革，这对于偏好现金交易的华侨来讲无异于晴天霹雳。此次货币改革将当时实行的货币单位“丸”改作“元”(韩元)，并规定 10 丸＝1 韩元；同时下调了货币单位，除 50 丸以下的小额银行债券和硬币外，全面禁止一切以“丸”为单位的货币流通。为了解决可能由此引发的问题，当时规定每次能够兑换的新币上限为 500 韩元。虽然这次货币改革的本意是为经济开发五年计划提供财源，回收社会非法集资，清除高利贷等行为，但是政策的副作用却层出不穷，物价飞涨，企业经营日益萎缩，社会动荡加深，货币改革政策收效甚微。对华侨而言，他们所持有的纸币变成了不值一文的废纸，其受到的打击比起韩国人有过之而无不及。

此后，韩国于1970年出台了有关在韩外国人购买及使用土地的法律，在韩华侨一户只能拥有一处住宅以及一间店铺。其中，住宅的面积不能超过200坪（约合660平方米），店铺面积不得超过50坪（约合165平方米）。另外，在所获土地上的建筑仅供自用，不得转租他人。华人也不能购买或经营林地或农田地块。

在韩华侨在其他方面也受到了严重的压迫，甚至连曾经是华人主要收入来源的饮食业也遭受了差别待遇，例如要承担比韩国人所经营的饭店更高的税率，接受政府定价，等等。因为遭受压迫，中国餐厅的数量从4 000余家锐减至仅1 000家左右，其境况之差可见一斑。这导致了2 000余户华侨离开韩国，移民他国。可以说，这是在韩华侨所遭遇到的最恶劣的时期。也是在这种历史背景下，在世界各国都能建设唐人街安居乐业的中国人却在韩国遭遇了例外，这也能看出华人在韩国生活之不易。

因为这样恶劣的情况一直持续，从20世纪70年代开始，在韩华侨人数持续减少，而向美国、澳大利亚以及台湾等国家和地区的移居活动开始逐渐增多。例如，现在仅在美国加州就有超8 000名的原在韩华侨定居。就这样，20世纪60年代曾经达到4万之众的在韩华侨，在这一时期数量减半，仅剩2万余人。根据韩国法务部的一份统计，从20世纪80年代开始到90年代末，在韩华侨离开韩国人数达6 000余人，可见之后的情况也一直没有得到改善。

（二）在韩华侨的特点以及韩国唐人街的出现

上述情况在1992年中韩两国建交后仍在持续，直到1997年金融危机，韩国才撤销了限制外国人在韩国拥有不动产的规定，在韩外国人的境遇得到了改善，在韩华侨也由此过上了稍为安稳的日子。

现在有2万余名华侨在韩国定居。当今中韩两国经济发展举世瞩目，两国关系友好密切，在韩华侨的数量正快速增长。除了在韩国出生的华侨后代，每年也有大量中国人来到韩国从事学习、经商、求职等活动。

现在首尔是华侨数量最多的城市。以前华侨多居于仁川，随着首尔的经济发展，华侨逐渐移居至此。对于华侨来讲，首尔的另一点吸引力，在于当地华人的凝聚力。究其原因，是因为很多人都毕业于华侨学校。自1902年第一所华侨学校在仁川设立以来，现在专门为华侨开设的初高中有4所，小学有28所。现在每年有3 000余名在册学生，他们是未来华侨社会的主要动力。

在韩华侨中的95%祖籍为山东，90%毕业于韩国华侨学校，他们还通过婚姻加强了血缘关系上的联系。有半数以上的华侨后代的母亲是韩国人，他们身上带有浓重的韩国化倾向，这一点是移居其他国家的韩国华人群体中比较少见的。基于这种原因，20世纪七八十年代曾受到韩国政府的不公平待遇而移居他国的韩国华侨，现在反而形成了自己的华侨圈子。

通过在韩华侨的努力，韩国的网络游戏、韩剧、电影还有网络通信产品等一系列“韩国制造”被推广向了全世界，大力推动了韩国经济的发展，也因为在韩华侨们的贡献，世界华商大会在韩国召开，韩国和世界各地的华侨都更加紧密地联系在了一起。曾被韩国排斥的华侨团体，现在反而为韩国做出如此贡献，真是历史性的反转。

随着赴韩旅游的中国游客的增多，在釜山、仁川以及首尔等大城市也出现了唐人街，这在韩国华侨史上具有里程碑的意义。美国学者阿尔文·托夫勒访韩时曾指出："如果韩国发展想要更上一层楼，一定要摈弃单一民族主义的思维。"现在正是韩国社会对多元文化展开怀抱、迎接现代环境变化的时期，是韩国人和在韩华侨和谐共处的时期。

仁川唐人街的繁华景象

20 世纪 60 年代，韩国人路过地方和乡下的华侨小学，耳边是听不懂的中国话，就会一溜小跑赶紧离开，就好像刚刚走过的地方关着麻风病人一样。而今，这样幼稚难堪的回忆已经离韩国社会远去了。现在在韩国，汉语热潮方兴未艾，众多韩国儿童也争相进入华侨学校学习中文，令人不禁感叹时代的变化。

我大学时代曾和华侨女生一起在书法社团练习毛笔字，我说着一口发音怪异的中国话，反而还去戏弄那个女孩。一晃已经是四十年的光景，但是现在每每回想起来，都不禁觉得心中一阵愧疚。那时的情景现在仍然不时浮现在我的眼前。我不单单是在怀念校园的时光，而是切身感受到了中国女性的宽容和亲切，还有怀念我与她之间的那份情谊。像这样的对中国的理解之心，对我们而言才是最重要的吧。

三、韩国的北方政策与改善中韩关系的努力

（一） 韩国的北方政策与仰光事件 （昂山袭击事件）

1983 年 10 月 9 日，缅甸首都仰光爆发了昂山爆炸袭击事件。朝鲜间谍于昂山墓地引爆了事先设置好的炸弹，造成了包括 17 名韩国人、4 名缅甸人共 21 人死亡，数十人受伤。在这次爆炸袭击事件中，韩国损失惨重，时任韩国副总理徐锡俊、外交部长李范锡以及商业部长金东辉等杰出治国人士均当场被炸身亡，这一袭击事件的消息震惊全国。袭击事件发生后，时任韩国总统全斗焕立即取消了全部访问日程，即刻动身回国。此事件对韩国社会也带来了巨大的冲击，产生了巨大的影响，当年所有大学的大型庆祝活动一律取消，娱乐节目也均停止播出。

具体回顾这一爆炸袭击事件，1983 年 10 月 8 日，时任总统全斗焕偕 22 名正式随行人员以及数名非正式随行人员，对东南亚和大洋洲的 5 个国家进行了正式公开访问。缅甸是全斗焕总统此次访问行程中的第

一站。事发当日，原定于缅甸独立运动家昂山的墓地开展参拜活动。10月9日当天，全斗焕正在赶往昂山墓地的途中，其随行人员则事先前往昂山墓地，在墓地前方列队，进入待机状态。在全斗焕总统动身前往墓地的途中，随行人员则在墓地整理行装，静候总统的到来。当时负责周边区域安保情况的青瓦台护卫队队长用英语向缅甸方面的鼓乐队告知了全斗焕总统预计到达的时间，而缅甸方人员理解错了英语的意思，误认为是全斗焕总统到来的信号，开始吹鼓奏乐，列队欢迎。

韩国警卫队队长对于缅甸方的这一行为一时难以理解，可在其产生疑惑的那一刹那，随着“轰”的一声，墓地的顶部轰然坍塌，瞬间砸了下来，几乎所有人员均被埋在了耳边此起彼伏的爆炸声中。周边如炸开了锅，陷入一片慌乱，韩国方面的随行人员被压在顶部塌陷而砸下的钢筋水泥之下，血肉模糊，难以分辨。炸弹在墓地顶部爆炸，伤亡惨重，现场状况可谓惨不忍睹。当时仍然在路途中的全斗焕总统尽管暂时逃过一劫，可事先于墓地待机的副总理徐锡俊以及随行的公务人员、警卫队员、记者等人士均难逃此厄运，殉职牺牲。

事发后，韩国政府向缅甸派遣了调查团，同缅甸方共同开展事件调查。缅甸政府也专门设立了下属于国家情报局的特别搜查本部，并成立了紧急调查委员会针对此事件进行专门调查。根据缅甸当局的调查结果，此次爆炸袭击事件的幕后元凶为隶属开城朝鲜军警察局特工队的金镇寿、姜敏哲上尉以及申基哲上尉。

缅甸方表示：此三人于1983年9月9日经朝鲜西海岸罗津港搭船，并于22日、23日左右到达仰光，其间一直藏匿于驻缅朝鲜大使馆政务参赞家中。他们在10月7日，即全斗焕总统一行抵达前一天，凌晨2点左右潜入昂山墓地并在墓地顶部设置了两枚炸弹。

缅甸英雄昂山的墓地

时光荏苒，岁月如梭，缅甸已不再是当时的缅甸，爆炸袭击事件爆发后断绝外交关系的韩缅两国也已重新恢复了外交关系。韩国前国政院部长罗钟一在其《昂山爆炸袭击者，姜敏哲》一书中写道：姜敏哲极力否认这一爆炸袭击事件与朝鲜有关，他也似乎被朝鲜所遗忘，在其身陷囹圄直至死去的这 25 年间，从没有任何一名从朝鲜赶来的人员进行过探监。

姜敏哲、金镇寿、申基哲目睹了事件发生的惨状后，顺着仰光河逃离。朝鲜方之前曾许诺将派携带有快艇的货船对他们进行营救，可无论他们如何找寻，都难以觅得货船的踪影。在左右寻觅之中，搜寻队闻声而来。在与搜寻队交火的过程中，申基哲中枪身亡，姜敏哲和金镇寿由于扔掷劣质手榴弹也身受重伤，最终被逮捕。在拔出保险栓扔手榴弹的那一瞬间，他们怎么也不会想到自己竟被自己的祖国——朝鲜所粗制滥造的手榴弹所炸伤。金镇寿在交火中失去一只手臂与眼睛，可仍至死抗争，不愿坦白交代，最后被宣布执行死刑；同样失去一只眼睛的姜敏哲，对自身的爆炸袭击行为供认不讳，最终被判决死刑，缓期执行，开始了自身的牢狱生活。

此后，韩国外交官也曾带着食物去劝过他，他也表示了如果刑满释放之后，希望能够留韩国的想法。2004 年针对他的释放提出了进行协商的建议，可时任政府正推行阳光政策，考虑到此事件对韩朝关系的影响，最终搁置。在得知这一消息后，他陷入无尽的绝望，混沌度日。尤其在 2007 年缅甸与朝鲜恢复正常外交关系后，更是陷入了不安，时时警惕，以防朝鲜会在自己狱中的食物中下毒来毒害自己。

直至 2008 年 5 月 18 日，53 岁的姜敏哲因肝炎身亡之时，还忧伤地表示自己即使被释放也无家可归。他的遗体处理问题更是无人关心，晚年生活极度凄凉。

在这一爆炸袭击事件发生当时，韩国政府实行北方政策，这也是引发这一事件的导火索。韩国的北方政策，是以朝鲜、苏联、中国为代表的世界范围内所有共产主义国家为对象，通过改善与这些国家间的关系，来构建实现统一基础的一种外交政策。1972 年“7・4 南北共同声明”签订后，成为韩朝两国制定外交政策的共同基础，韩国的北方政策也正是在这一基础之上，在“和平统一特别声明”（1973 年 6 月 23 日）中首次提出。“和平统一特别声明”也称作“6・23 宣言”，是北方政策的开端。北方政策以构建和平统一的国际社会环境基础为目标，缓和韩朝两国间敌对、对立关系，建立两国间和平共存体系。根据“7・4 南北共同声明”，韩朝两国开展对话机制，韩国向共产主义国家开放门户，北方政策也显示了韩国政府为了促进这一目标的达成所进行的努力与实践。

当然，20世纪70年代同80年代的国际环境存在差异，韩国政府所推行的北方政策在70年代和80年代的侧重点也略有不同，尤其是在韩国的第六共和国时期，韩国开始迈进民主化阶段，所实行的措施更是与以往措施不可同日而语。但“和平统一特别声明”中关于和平统一的1、2项与5、6项却自始至终以“7·4南北共同声明”的内容与精神为基础，从未动摇。这也展现了韩国政府毫不动摇地致力于维持朝鲜半岛和平的意志：始终一贯坚持韩朝之间互不干涉内政，互不进行军事侵略的主张；在不违背联合国多数会员国的意见的前提下，同意韩朝两国共同入驻联合国；同时也表明了在韩国加入联合国之前，在有韩国代表参与的关于韩国问题进行讨论的联合国会议中，不反对邀请朝鲜代表参会的立场。

韩国本着互惠平等的原则，向所有国家进行门户开放，包括与本国治国理念与国家体制不同的国家。这一举动也令韩国在当时有机会与社会主义国家进行接触。从这点来看，韩国的统一政策在践行实现其核心理念的过程中，其外交政策自始至终地维持着一贯性。

20世纪80年代，韩国进入第五共和国时期，朝鲜则开始确立金正日的领导地位，这可谓是这一时期韩朝关系的特点。两国间的激烈的对立与决战也进入了历史巅峰时期。在经济增长方面，朝鲜节节败退；在和平统一政策方面，韩国政府施行的“民族和解、民主统一方案”（1982年1月22日）与朝鲜所提出的“高丽民主联邦共和国方案”（1980年10月10日）相互抗衡。

在这样的历史背景下，1983年6月29日，时任韩国外交部长李范锡在韩国国防大学院的演讲中，以国家政府高层工作人员的身份，首次使用了“北方政策”这一术语，来解释韩国对中国和苏联的政策。在“6·23 宣言”签署 10 周年的这一特殊时期，其这一术语表达也吸引了国内外媒体的广泛关注。他所提出的“北方政策”更多地展现出与中国和苏联开展更为积极的接触意志，而非对于和平统一大业的退缩与搁置，这也是韩国政府在签署宣言后 10 年间并无实质行动后，在和平统一问题之上所做出的全新的突破。

朝鲜于 1980 年 10 月召开的朝鲜劳动党第六次代表大会中通过了“高丽民主联邦共和国方案”，并提出了十点施政方针，这是对“6·23 宣言”的继承与发展。在政治方面，1980 年 10 月朝鲜劳动党第六次代表大会的召开标志着朝鲜正式建立起了金正日领导下的国家政治体制，而这些方案和施政方针也是这一国家政治体制下所出台的第一号政治纲领。因此，金正日领导的国家政治体制下，所实行的统一政策为“高丽民主联邦共和国方案”，由于当时的朝鲜政治体制为世袭制，因此这一统一政策也作为唯一正统的纲领，毫不动摇地得以继承。此后的十年间，在统一政策方面，朝鲜始终一贯地坚持贯彻“高丽民主联邦共和国方案”，主张其作为唯一正统纲领的正当性与合理性，展现出了朝鲜今后也定将毫不动摇地坚持“高丽民主联邦共和国方案”，同朝鲜“主体思想”纲领一同继承发扬的意志。

对此，韩国的北方政策直至 80 年代中期，一直致力于构建民族和解、民主统一的基础；对外则以 1988 年汉城奥林匹克运动会为契机，积极开展外交政策，与共产主义国家，尤其是同中国和苏联展开对话。为了实现这一目标，韩国必须不断推动国家发展，在政治、经济、社会、文化各个方面领先于朝鲜，才能够获得发达国家的援助与支持，推进朝鲜的开放与改变。

对于提出北方政策的时任韩国外交部长李范锡，前驻韩美国大使沃克曾评价其为“杰出的外交官”。在沃克的回忆录中，对与李范锡外交部长初次见面的情形做了如下描述：

> 我和李范锡部长的第一次会面是在 1966 年。他是为数不多的、在初次见面便会让人产生很强的信赖感的人。我们相互之间非常谈得来。在交谈中，也感受到了其出色的才能。他的说话艺术也令人叹绝，没有丁点夸张，直截了当。他的英语水平出众，眼神中闪烁着智慧的光芒。凭借我数年的教书经验，透过学生的眼神，一眼我便能够评判出其是否出众。在我看来，李部长才德出众，绝非常人。

李范锡部长所提出的北方政策，正是基于其卓越的国际视野与对国际形势的独到见解。北方政策的第一要义便在于改善与中国这一沉睡之狮间的关系，并通过这一举措向朝鲜施加影响，促进韩朝双方会谈，推动韩朝和平统一的进程。

（二）为改善与中国关系做出的努力

1983 年 5 月 5 日，韩国领空出现了一架隶属中国的飞机，这是自朝鲜战争结束后，中国飞机首次出现在韩国领空，这也导致了韩国政府提出“北方政策”这一外交政策。这架所谓“敌机”的出现，使韩国立即发出空袭戒备警报，令全国陷入一片恐慌。

这架“问题飞机”在韩国空军要发起拦截之时，迅速向下摆动机翼，表达了归顺的意思，并紧急迫降于位于江原道春川的美军基地机场。飞机共搭载乘客 96 名，乘务员 6 名，原本是从中国沈阳飞往中国上海，但在飞行途中遭遇了空中绑架事故。这架三叉戟民航客机在春川机场的跑道上滑行了 50 余米后最终停了下来，笨重的轮子均深深地陷入了地面。

当时正值东西方矛盾尖锐的冷战敏感时期，一架中国的民航客机竟着陆在韩国的领土上，这在当时可谓是一件轰动世界的大事。这一事件远远不再是一架飞机越过国境线这般简单，已经上升到了“外交迫降”的程度。而这次紧急迫降也提供了一个理由，使中国得以进入韩国安全保卫线内，成为一张“具有历史意义的邀请函”。

中国民航客机在韩国紧急迫降的消息令青瓦台炸开了锅。以青瓦台总统秘书室长为首，相关官员就此事件召开了将近 5 个小时的紧急会议，商讨应对措施。可对待这一前所未有的事故，毫无经验可借鉴，各位相关官员对此均不知所措，事件处理陷入僵局。就在这时，警卫室长在听取了刚刚收到的中国紧急电报后，急切地冲进会议室，通报了搭载着以中国民航局局长为代表的中国谈判代表团的飞机请求着陆许可的消息。

此次中国政府向韩国政府发送紧急电报，也是自 1953 年朝鲜战争休战协议签订以来的第一次。当时的外交专家表示，与韩国并未建立外交关系的中国，在事件发生后的第一时间与韩国进行谈判，这在当时完全是不可思议的事情。面对紧急状况不知所措的韩国政府，同意了中国的要求。5 月 7 日，即事件发生两天后，由北京出发的中国 33 名人员组成的大规模谈判代表团抵达了韩国金浦机场。代表团成员的身份，尽管官方说明均为“民航局工作人员”，可实际情况是，其中不乏大量的中国外交部和情报机关的副部长级别人物。

两国间的谈判主要围绕如何处理 6 名绑架犯这一核心问题展开。这

6 名绑架犯在中国犯罪后，企图乘坐飞机逃往国外的途中绑架了这架民航客机。因此，中国方面要求将乘客、民航客机以及这 6 名绑架犯全部引渡回国，而韩国政府则坚持应根据国际惯例来进行处理。经过了 3 天马拉松式的谈判协商，双方最终达成协议，决定不允许 6 名绑架犯继续逃亡，依照韩国的法律对其进行制裁。在对 6 名绑架犯进行审判的法庭上，韩国做出了对其进行拘捕的判决，可在判决执行后 1 年，这 6 名绑架犯被释放，潜逃至中国台湾地区。

有些问题尽管在此次谈判中并未涉及，但在外交层面却存在着相当大的争论。最具代表性的就是在两国的谈判协议书上是否要使用双方的正式国号，以及两国间并未建立外交关系，应当如何称呼对方国家。针对双方是否使用正式国号这一问题，两国的想法产生了分歧。在当时东西方世界处于冷战格局的国际大环境下，再加之中国又与朝鲜关系更为密切，因此中国实际上并不愿意使用自身的正式国号。但是韩国政府却不这样认为。韩国政府从战略性发展的层面考虑，希望通过这次事件与中国建立联系，作为其“北方外交”的一个突破口。6 月 29 日，在事件发生后一个月，时任韩国外交部长李范锡在国防大学院的演讲中正式表示：韩国外交的当务之急便是改善韩国与中国和苏联的关系，使之正常化。

韩国方谈判代表团指出“进入他国安全防卫地区，怎能不向他国施之以理”，并以此为由向中国施压，迫使中国做出让步，最终在两国的谈判协议书上使用了两国的正式国号。因此，这份谈判协议书也成为自 1949 年新中国成立后，第一份在外交谈判中使用两国正式国号的文件。

以此次事件为契机，中韩关系也开始发生了实质性的改变。自事件发生第二年，即 1984 年起，韩国向中国的出口额便急剧增长。根据韩国贸易协会的资料显示，1983 年韩国对中国出口总额不过 484 万美元，可到了 1984 年，韩国对中国的出口贸易额竟飙升至 1 694 万美元，足足增长了 250%。不仅如此，此后韩国对中国出口额仍维持增长势头，1990 年的出口额更是达到了 5.848 54 亿美元。北方外交以民航劫持事件为起点，最终促使两国正式建立了外交关系。

事件发生当时，韩国外务部第一长官孔鲁明作为谈判代表团成员参与了谈判，其在回忆起这一事件时，也向大众披露了不少当时的政府想法。近日，孔部长在接受联合新闻的采访时表示：在处理中国民航机绑架事件的过程中，韩国对中国没有任何敌意，传达了韩国希望与中国建立实质性友好关系的想法。冰释前嫌，化敌为友，真诚相待，这是最为强大的外交武器。

以此为契机，韩国政府开始不断改善与中国政府的关系，谋求建立外交关系。而在此过程中，起到中流砥柱作用的正是杰出的外交家——李范锡。李范锡在 1976 年至 1980 年间，曾作为韩国驻印度大使，在印度生活了长达四年时间。因此，在处理这一事件时，他首先想到的国家其实是印度。一些媒体评论人曾指出，政府将李范锡派往印度如此之久，完全是浪费时间。实际上，韩国政府之所以将其任命为驻印度大使，正是考虑到其才能出众，在其作为驻印度大使任职期间，能够与朝鲜代表进行接触，构建交流途径，维持南北对话机制。

中国与印度在 20 世纪 50 年代度过了短暂的蜜月期后，在 20 世纪 60 年代和 70 年代均维持着敌对关系，直到 20 世纪 80 年代后半期，两国关系才逐渐实现正常化。2005 年 4 月，中国国家总理温家宝出访印度，宣布两国为“推动和平与发展的战略关系”，中印关系也达到了顶峰。在冷战格局下，中国和印度作为第三世界国家，在20世纪六七十年代维持着敌对关系。此后，到了20世纪80年代，两国作为引领第三世界国家发展的核心力量，承担起共同的责任与使命，开始逐渐形成友好的合作关系。时任韩国外交部长的李范锡正是出于这一考虑，以独到的见解分析国际形势，认为与社会主义国家的中国直接进行沟通，改善关系仍存在巨大的困难，因此希望以印度为切入点，以韩印两国的外交关系为基础，来接近中国。

在这样的历史背景下，韩国第五共和国的行政部核心人员跟随总统对东南亚、大洋洲地区的5个国家进行国事访问。实际上，对缅甸的访问最初并未列入访问的日程当中。当时韩国还未与缅甸正式建立外交关系，但考虑到一旦与缅甸确立外交关系，将在国际外交舞台上先朝鲜一步，同时能够活跃与印度这一引领第三世界发展的国家间的交流。出于这一复杂的考虑，韩国最终决定修改国事访问的顺序，对于既不亲中共又不亲苏联的印度，将其原本的第一顺位进行了后移。

政府期待通过此次访问同时解决国内矛盾与国外问题的美好构想，却最终因为昂山爆炸袭击付之一炬，化为泡影。虽然在1992年与中国正式建立了外交关系，但若按照之前的构想，以印度为媒介，中韩两国正式建立外交关系可能会更早得以实现，中韩两国在各个方面也将建立更为完善的合作共赢基础，不免令人为之扼腕。

总的来讲，此次访问展现出了当时韩国在政治、经济、外交、国防等各个领域均对中国抱有巨大的期待。这一系列努力最终在1992年修成正果，中韩两国正式确立了外交关系，这在两国的历史上均有着毋庸置疑的重大意义。

第七章

中韩两国在发展上的相似性和相对性（独立性）

一、中国特色社会主义与韩国民主主义

（一）中国特色社会主义

所谓中国特色社会主义，是计划经济之后形成的全新形态的社会主义。中国特色社会主义植根于中国特有的历史背景及文化条件，国际上对此的看法一分为二。一些人士认为中国特色社会主义是能够挽救资本主义危机的唯一的可行方案；而另一方则批判中国特色社会主义仅在经济发展方面模仿西方制度，却对民主政治视而不见，是一种畸形的政治体制。

但是现今中国在中国特色社会主义制度下，取得了令全球瞩目的发展成果，不禁令人刮目相看。考虑到中国社会的现实基础，有充分的理由认为该制度是积极有效的。

对中国来说，马列主义是不折不扣的舶来品，但是在封建儒家思想一统天下两千余年的中国，马列主义这一舶来思想却发展成为被中国社会普遍接受的中国特色社会主义。其理由有二：第一，战火纷飞的年代，儒家思想同社会主义中部分思想重叠相似，令马克思列宁主义能够相对

较为容易地融入中国社会；第二，为防止社会主义止步于单纯的形式与口号，以毛泽东为代表的革命思想家为将其与中国社会现实相结合做出了一系列努力。

解放战争胜利后，在毛泽东的领导下，建立了中华人民共和国，巩固了以马列主义为治国理念的社会主义国家的基础路线。而在此后不到30年，中国改革开放的总设计师邓小平，于20世纪70年代末提出要实行改革开放，促进经济增长，这开辟了社会主义的新道路，这便是中国特色社会主义道路。

20世纪70年代，邓小平发表了著名的“黑猫白猫论”，即“无论黑猫白猫，能抓住老鼠就是好猫”，这一理论反映出了邓小平的务实主义精神。到了20世纪90年代，他提出“发展才是硬道理”，指出应当全力发展经济，搞好社会主义建设，不能骄傲自满，故步自封必将落后，被世界淘汰。不落窠臼，真抓实干，这正是邓小平实事求是思想的精髓。在这些思想理念的推动下，邓小平领导下的中国天翻地覆、焕然一新。1992年社会主义市场经济体制确立，打破了之前的社会主义计划经济体制，这也为推动中国特色社会主义发展提供了坚实保障。

针对“中国特色社会主义市场经济和资本主义市场经济的区别”这一问题，中国共产党给出了这样的解答：一方面，从利用市场经济活动的供求关系这一点来看，两者是统一的；但是另一方面，中国的所有制、分配制度以及对经济的宏观调控和西方国家是不一样的。在分析改革开放时期中国出现的问题时，中国特色社会主义道路的新探索能使人们重新重视那些容易被人们忽视的问题。

中国特色社会主义市场经济的首要特点是，作为市场经济的一种形式，它仍遵循市场经济的大多数基本原则。也就是说，社会主义市场经济是全面的市场经济体制，并非部分的市场，或者是无计划的市场经济。在中国共产党第十四次全国代表大会上，以先前经验为基础，明确提出了社会主义市场经济的概念，同时会议决定加强社会主义市场经济建设，以提高资源配置效率。中国特色社会主义市场经济的第二个特点是以公有制为主体，多种所有制经济共同发展。和其他社会主义国家不同，中国在进行社会主义市场经济改革时并没有大规模实行私有化，仍然以公有制为主体，同时发展其他所有制经济。第三个特点是，中国特色社会主义市场经济通过有效的宏观调控措施，使中国的市场经济更为符合中国的国情。

利用这些特点，从 21 世纪初开始，中国开始由出口导向型经济转变为内需拉动型经济。GDP 结构方面，韩国的对外贸易额占 GDP 总额的 90％以上，而中国则成功将这一比例由 85％降至 45％左右。这就是中国成功挺过 2008 年全球金融危机的秘诀。

在政治方面，中国向新加坡看齐，其中最重要的一条就是“一票否决制”，即中国的官员即便在其他方面都非常出色，在一方面犯了错误就可能被免职。在这样的体制下，中国官员在处理自身管辖范围内的问题，如计划生育、人为因素引发的自然灾害、煤矿事故、城乡居民住宅保障等事务时，必须慎重对待。

中国共产党通过实行民主，制约官僚，才能够长期处于执政党地位。对于这种政府主导型的治国方针，中国外交学院前院长吴建民曾表示：“我还没有见过哪个国家，当经济以两位数增长时，政府会倒台。”其对中国特色社会主义的信心之强，由此可见一斑。

清华大学教授胡鞍钢则预计，到2020年，中国GDP总量将正式超越美国。中国现在已经不仅仅是世界市场、世界最大投资者，更会在未来成为世界秩序的制定者和领导者。特别是在军事方面，中国发展了所谓“太空部队”，拥有了击坠人造卫星的能力，同时成功开发了号称“航母杀手”的东风-21中程弹道导弹，并完成实验。该装备以垂直方式从大气层外击落多数弹道，能够阻止美国航母投入战斗。由此，中国人民解放军事实上完成了“反介入”的战略目标。

另一方面，中国特色社会主义具有“以民为本”“市场经济”“共同富裕”“中华文化”“民主政治”五大特征。正是这些避免了中国彻底成为一部分势力独裁的国家。

在国际竞争激烈的当今社会，层出不穷的经济问题逐渐呼吁一个强力政府的出现。在这种情况下，需要一种政治制度，能够集结各个民族和各个阶层的势力，凝聚成为中国经济发展的中心，而中国坚定不移地相信这个中心便是“中国特色社会主义”。

中国共产党中央委员会总书记习近平表示，中国特色社会主义理论形成于三十余年改革开放的过程中，更是五千年中华文明的宝贵财富，无论搞革命、搞建设、搞改革，道路问题都是最根本的问题。他还强调，在新的历史时期，建设中国特色社会主义一定“要有道路自信”。由此可以看出来，中国仍坚定不移地走在这条建设之路上。

（二）韩国民主主义与经济发展

在过去的半个世纪里，韩国社会的变迁和发展一直以来都是所有学者最为关心的问题。因为曾经的韩国是世界贫困国家，食物不能自给，人均收入不足100美元，而现在的韩国名列全球十大经济强国，年度贸易额则达 1 万亿美元，人均国民收入超过 2 万美元，公共基础建设完善。这在世界发展史上是前所未有的。

但是这种前无古人的变化和发展之路并非一帆风顺，而是充满了无数的曲折与苦难。出现这样的困难一部分是因为韩国的经济基础薄弱，受到了外部影响；更重要的是在经济发展的过程中韩国社会所面临的进步和保守力量的矛盾。换言之，在这些矛盾当中，规定韩国民主主义的这些人士的意识形态间的对立和抗争是韩国社会发展过程中出现苦难的主要原因。

例如，在 1980 年光州起义后，一直持续的韩国民主化呼声和劳动阶层斗争在韩国社会此起彼伏，市民阶级，或称劳动者阶级，作为新的社会主体力量开始登上历史舞台；同时，在以政府为主导的经济政策执行过程中，由于受到财阀干预，社会财富分配严重不均。现在这两个阶层的斗争已成为当今韩国社会不稳定的一大原因。

但是这种阶级对立和矛盾并非为韩国所独有，世界各国都有这样的现象。只要社会前进的方向出现偏向，就会相应出现普遍性的意识形态。但是这样的意识形态一旦出现，对立面就会面临社会的不满，由此引发社会的对立和矛盾。因此，在一个国家的发展过程中，意识形态偏向哪边并不重要，只要它所偏向的这个方向具备带领国家不断发展的领导力，国家就能够得到发展，人民便能安居乐业。

从这个角度来说，可以认为韩国的民主主义非常成功。因为韩国式民主主义带领韩国一路发展，并且克服了发展道路上的一系列困难，建立了今日的民主主义社会。那么，韩国式民主主义的根本是什么？从 1963 年 1 月 1 日朴正熙议长在新闻发布会上的讲话中我们可以略窥一二："民主主义既是理想也是目标，实现民主主义的道路有很多，可以效仿西欧，也可以自己想办法，条条大路通罗马，并不是一定要一条道走到黑。韩国一定要选择一条适合韩国人民的道路。"

韩国秉持自由民主主义精神建国，一直从本国自身的角度诠释民主主义的内涵，在此基础之上，朴正熙是首位，但同时也是最后一位提出"要把西欧的民主主义改造成适合韩国的民主主义"的人物。朴正熙的这种表态，在很多将民主主义本身视作不可侵犯的金科玉律的知识分子和政治家看来，是一种冒昧的挑战。

1962 年 1 月 13 日，在韩国政府发表经济开发五年计划祝贺宴会上的朴正熙总统

但是，通过军事政变上台的朴正熙议长，在当时的状况下，是不可能听从那些人教科书般的意见的，他认为"困难既是我的老师也是我的恩人”。为了从根本上克服当时所面对的韩国社会的问题，朴正熙提出了“韩国式民主主义”。同时，将其与新村运动以及精神文明运动相结合，产生了让韩国得以改头换面的巨大能量，成为韩国经济飞速发展的力量源泉，让韩国人都有了“有志者事竟成”的自信感。至今，世界各国均在学习并研究这种“韩国模式”，足以见其影响力之大。

但是，由于这种“韩国式民主主义”只是为了克服当时的社会状况而实行的一种制度，我们也要清醒地认识到有很多不符合这个内容的方面。这也就是引发要求韩国民主化的原因，这种民主化在现实方面有了长足的进步。现在有定期进行的公正的选举，人民参政议政的空间也得到了拓展。执政党和在野党经常会发生逆转性的政权交替，即所谓“水平政权交替”得以实现，由此大范围社会精英阶层的交替也成为现实。同时，随着地方自治的发展，权力的地区分配以及地方层面的政治参与度均有了大幅提升。不仅如此，民主化也遏制了由于官商勾结所引起的政治腐败问题，政坛内部的腐败现象也明显减少。

政党的制度化水平较低，执政党的群众基础较弱，这也导致执政党不能很好地代表社会各阶级的利益。但即使考虑到这些因素，无论是从制度上来讲，还是从实现过程上来讲，韩国的民主主义取得如此飞速的发展，在世界范围内是首屈一指的。

但是像这样肯定韩国民主化进程的韩国人并不多。这种民主化抛弃了很多韩国人的传统美德因素。特别是现在社会上蔓延的对公权轻视、传统道德丧失、不为他人着想、盲目的拜金主义等现象，更是容易让人对现实产生怀疑。

这样看来，也正是这种思潮造成了现在韩国社会的一系列不平等现象，例如中产阶级的崩溃和社会阶层的重组，总数占全体经济活动人口16%的360万信用不良者，贫困人口的增加，就业困难，贫富差距拉大，长期低迷的经济以及持续走高的青年人口失业率等。这种缺乏道德责任感的自由主义，即放任自流的社会氛围正在全社会蔓延。从这一方面来看，韩国式民主主义还没有真正地步入正轨。所以，巩固韩国民主主义，未来还需要更多的研究。

这种模式未来可以有两种出路。一是像中国台湾一样，通过经济发展维持社会稳定，但是仍然要继续努力向政治民主化的方向前进；若不然，就像新加坡和中国香港那样，不谋求政治民主化，而实行通过整顿行政体系推动经济发展的“政治制度化模型”。

从现今韩国的角度来看，后者似乎是更合适的选择。因为在一个没有形成政治民主化的社会提前进行民主化，就容易形成披着民主政治外衣的独裁专政，在韩国制造出“民选的皇帝”来。

然而，一面还像以前那样念叨着要民主化，一边炮轰韩国社会的人还是有很多的。这些人只能看到自己眼中的问题，但是韩国发展到今天的模样，也是从一点一滴累积起来的。如果按照这些批判者的思维，只怕韩国早已沦为一个无足轻重的边缘小国了。但是现在韩国傲立世界之林，发展奇迹前所未有，恰恰就是因为前人提出了“韩国式民主主义”。现在的任务是要保持韩国民主主义的长处，同时集思广益，对这个理论加以修正和改善，这样才能发展成为真正优秀的“韩国式民主主义”。

二、“中国梦”和“第二汉江奇迹”

（一）习近平主席的“中国梦”

1. 中国国家主席习近平的“中国道路”

中国国家主席习近平呼吁的“中国梦”有无可能实现与韩国休戚相关。对今后中国变化的期待是韩国人最关注的问题。

为了实现中华民族的伟大复兴这一中国梦，中国现在没有走封闭僵化的老路，也没有走改旗易帜的邪路，而是选择了中国特色社会主义道路，并在这条路上飞奔而行。

习近平主席指出，实现中国梦必须走中国道路。他主张“明者因时而变，知者随事而制”，要根据时代而变化。由此可见，习近平不看好西欧式的政治，而是在经济方面推进更强调市场机能的改革，习近平主席要走的是中国特色社会主义道路。他向往的是通过这些来实现中国梦。

同时，习近平主席在演讲或演说中经常引用中国古代典籍或诗文词句，尤其是在访问外国时这一倾向更为明显。习近平主席在印度尼西亚国会演讲时的题目是《携手建设中国—东盟命运共同体》，演讲中他表示“中国愿同东盟国家真诚相待、友好相处”，并且“尊重彼此自主选择社会制度和发展道路的权利”，其后又引用了“计利当计天下利”这一句子，强调了中国的发展为亚洲和世界带来的是机遇而不是威胁。

并且，他将经济政策的核心课题确立为重新整理政府与市场关系以及扩大市场的作用。他采取了各种改革措施，为今后 10 年削减政府许可权、出售国有企业股份、设立民营金融机构等市场的活性化做准备。可以说，中国共产党第十八届中央委员会第三次全体会议（三中全会）闭幕式上宣布的到2020年为止要完成市场所主导的中国特色社会主义市场经济是以上措施的出发点。换言之，就是新华社所指出的，在今后的改革中，缩小政府集权、提高市场活力是一定要过的难关，是与促进缩小政府机构、消除腐败现象、公开高官财产等一脉相承的措施。

但是，中国共产党表示，为了保持中国特色社会主义市场经济的基本框架，虽然要强化市场作用，然而仍然要将公有制作为国家经济的基石。这一点说明了共产党的细腻之处，他们断绝了改革向资本主义式市场万能主义发展的可能。中国共产党设立了国家安全委员会，改善国家安全体系和战略，确立国家安保，并且保护宪法的法律权威，推进行政改革，确保公正的审判制度。同时，还将完善司法权力运营体系，改善司法保障制度。

如此，中国走上了自己的道路。西方将中国的影子金融体系和赤字过剩、房地产泡沫、国有企业的低效率、腐败、贫富差距等称为“中国风险”，然而中国就像在嘲笑这一言论一样，按照自己的方式不断地为发展和改革前进着。

2. 中国高度自信的开发与速度战

对于超过GDP 200％的公私企业、地方政府等赤字问题，中国的反应是“发展是解决一切问题的关键”。这句话的意思是，现有发达国家和中等发达国家年增长率不过1％～2％，而中国与这些国家不同，它的速度已经超过7％，因此不能用同样的标准来衡量。这之中含有中国的自信，中国认为就算分子较大，只要快速提高分母就不会失去均衡。

中国选择了一些城市作为改革的试验场，这些试验场生机勃勃，在这里，沿海和内陆、出口和内需、投资和消费、发展和福利等相互冲突并寻找着平衡。当然，由于人们想着试验会成功，所以似乎看不到对失败的恐惧，大概这自信就来源于之前的所有试验都能成功告终的这份丰富的经验吧。

各种发展中，西部大开发计划更加灵活，它以重庆、成都和西安为中心，这些地方的人们异口同声地表示最近三年的变化太大了，十分期待未来会怎样变化。这三大城市的经济增长率最近几年都保持在13%～14%，是中国整体7%增长率的两倍。市中心，高层建筑如雨后春笋般拔地而起，日新月异。市外的工业区内，电子和汽车、航空、化学等尖端工厂鳞次栉比。

这些内陆城市的消费已经接近了世界化大城市的水平，重庆的“明洞”式解放碑街区十分华丽，不逊色于世界上任何一个知名的街道。想要购买商品的那人山人海就是中国人消费能力强、资金周转良好的旁证。

地方政府招商引资的速度战更加白热化，西安高新开发区建立的三星电子半导体工厂就是将这些竞争具现化的象征，它建造不过一年半时间，就出现了年销售额达20亿美元的世界性的生产设备。

能达到这样的速度，也多亏了当地政府不遗余力的支持。35万坪(约合115.5万平方米）工厂用地上居住的1.2万名家属的搬迁工作仅用了3个月，和工厂直接相连的专用高速公路和电力、水、天然气等基本设施也在眨眼间就已经准备完毕。市政府高官每周自行召开会议，听取公司遇到的困难和建议，三星电子专务、工场设施负责人表示，“虽然这期间有很多不同意见，不过选择西安真是太对了”。

西安和重庆市政府为了引进现代汽车工厂展开着无声的竞争，两位重庆招商引资负责人边详述自己所提供的各种优惠和优秀的选址条件，边为了不刺激到对方城市而采取着静中有动的行动。

内陆的劳动市场也发生着巨大的变化。工资和社会福利费用每年提高20%，工资低廉的来料加工生产几乎不再可能存在。仅看三大城市新设立的工业区，产业群按区规划，仅由适用高科技产业所组成，几乎找不到轻工业。可以说，工业发展转向了没有技术和创意就难以支撑的阶段。

SK 重庆工厂常务表示，“每年有数万名技术人才来到周围数十个工业区”，“给他们合理的待遇和家人一般的关照，公司也会收到相应的成果作为报答”。政府政策和劳动市场的变化、消费市场的膨胀等集中的中国内陆市场正在成为世界企业一定要进军的地区。不管是“中国风险”还是别的什么，中国是企业家们所无法舍弃的希望之地，其本身就是巨大的世界市场。

3. 平等政治和民生改革

如果不想放弃社会主义平等政治，反腐败和实行分配政治是最有效的手段，中国不会不明白这个道理。不过知易行难，解决这些问题并不是易事。

“当好党中央的千里眼，找出‘老虎’和‘苍蝇’”，这是中国共产党中央纪律检查委员会（以下简称中纪委）书记王岐山在中央巡视组建队仪式上下达的指示。反腐败专线的先锋大将王岐山书记于 2013 年 12 月组织了 12 个巡视组，其中地方 6 组，企业、金融 4 组，中央国家机关 2 组。其主要任务是揭发长官级别干部的腐败、形式主义、官僚主义、享乐主义和奢侈之风、政治纪律、任用不合理等问题。派遣到当地的巡视组在两个月内通过听取信息、个别面谈、阅览资料、收集检举、问卷调查、秘密实地调查等来搜寻不合理现象，他们让无数高官落马，至今仍继续活动着。

习近平总书记的反腐败构思在中共十八届三中全会上通过的《中共中央关于全面深化改革若干重大问题的决定》中得到了具体化。纪律检查时将十字检查系统具体化、体系化、制度化，明确指出由中纪委来主持腐败事件的调查和处理，并采取了由中纪委派遣直属机构并入驻所有党和国家机关的方案。改善中央和地方的巡视制度，规定检查所有的地方、政府、企业，检查领导干部的个人事项，并预告了回避制等立法措施。保证为了健全的业务气氛，要改革干部评价系统，严禁非必要非紧急的供给浪费，杜绝滥用不实的表面行政和项目。

习近平总书记“中国梦”的核心中，最重要的是“吃饱”这一点。“中国梦”这一内容首次出现在习近平总书记参观国家博物馆举行的名为《复兴之路》的展览之后，当时他说中央政治局常务委员会的7名委员讨论了中国梦，并表示“我以为，实现中华民族伟大复兴，就是中华民族近代以来最伟大的梦想”。习近平总书记领导国家至今的所有信念都融合在了这个词之中，这也可以说是综合他自己的国家政治经验后得出的自信，从这个词也可以看出其必定要实现中国梦的强烈愿望。

清华大学教授李希光将“中国梦”归纳为“仁和谐”，如果说“美国梦”的概念是“民主、自由、人权”的话，那么“中国梦”就是“人与人要相互照顾的‘仁’，所有人都能够吃饱的‘和’，以及好好听取所有意见的‘谐’”。这三个概念无论古今都是儒教文化圈的核心价值，是“中国梦”的本质，是中国人梦想了几千年的政治理想。

习主席还具体阐明了实现中国梦的计划表。他的第一个目标是在

2020 年“全面建成小康社会”，每年经济增长在 7%以上，GDP 超过美国。

这是一个能够改变中国政局的重要因素。现在中国的不平等尺度即基尼系数已超过了 0.4，与北欧的基尼系数 0.35、中国“文化大革命”时期的 0.2 相比，可以说现在中国的基尼系数是中国当局所面临的最大问题。

所以，习近平主席实施提高贫困层收入、扩大中产层、调控富有层的分配政策。扩大中产层，将收入结构由两极化的沙漏型变为健康的菱形，是这一政策的关键所在。

同时，第十八届中央委员会第三次全体会议上宣布要“更好保障和改善民生”，抓住了 13 亿人口的心。通过改善民生，能够取得强化中央政府的权力基础、指导全面改革的效果，其关键在于“改革收入分配制度”“推进基本公共服务均等化”等。

除此之外，还有废除劳教制度、保障农民土地所有权、改革高考制度、降低社会保险费、延长退休年龄等相当数量的与中国国民实际生活相关的改革议案。中国媒体表示，这些改革议案从出生到教育、就业，一直到退休都与公民的生活直接相关，若改革时间表能够得到履行，那么到 2020 年为止，中国人的日常生活和社会生活将会有翻天覆地的变化。

习主席提出的不是一个宏伟的改革口号，而是关注与公民生活直接相关的问题，根据公民的接受程度推进改革和开放，扩大了支持基础。因为贫富差距的扩大和房地产泡沫等的后遗症越来越成为严重的社会问题，所以公民中也出现了不满的声音，而习主席的这些改革能够一举消除这些不满，可称得上是妙策。

4. 边境是边境、合作是合作的外交路线

中国上海社会科学院（SASS）国际问题研究所常务副所长刘鸣从1990年开始就以朝鲜半岛问题为中心研究大国关系。他认为，习近平时代中国外交的关键词是与美国建设新型大国关系，其核心是要合作，不要冲突，以相互尊重追求双赢，并且认为构建这种新型大国关系的第一线就是朝鲜半岛。SASS不是位于北京的中国社会科学院的下属单位，它成立于1958年，是中国首个，也是地方最大的社会科学院。国际问题研究所有中国外交研究室等6个室和朝鲜半岛研究中心等12个中心。

对于习近平主席提出的建设新型大国关系的背景，刘鸣表示美国在现实主义的立场上解释历史。历史上，所有的新兴国家都挑战过既存的霸权国家，所以它们认为中国对美国的挑战和冲突也不可避免。而中国的想法则与之不同，过去的新兴国家为扩张领土和追求经济利益，会展开与霸权国家的胜负之争，而中国却并无扩张领土的欲望，并且经济利益也可通过经济全球化来获得，所以并不会与美国发生冲突。而关于静静积蓄力量的邓小平时代的韬光养晦政策、胡锦涛同志的和谐外交与习近平主席的外交政策有何不同，他说，“韬光养晦”是20世纪80年代末东欧社会主义国家发生剧变过程中提出的策略，邓小平通过这一策略，提出不要与外部世界争斗，要集中精力进行经济建设。而现在情况不同了，中国成为亚太地区最大的经济国家，并且军事发展也很迅速，故而中国的地位有了根本上的变化，所以胡锦涛时期的外交政策以协作为关键词。习近平则明确地表示中国在主权和核心利益上不会让步，换言之，中国可以与其他国家互相合作，而动起手来也绝不含糊。中国的立场就是，领土是领土，合作是合作。

习近平的外交路线在其担任国家副主席的时候就已经确立了。2009年，他在墨西哥与华人的见面会上说："有些吃饱了没事干的外国人，对我们的事情指手画脚。中国一不输出革命，二不输出饥饿和贫困，三不去折腾你们，还有什么好说的？"

最能体现习近平意图的，是他在访问美国时提出的构建中美之间"新型大国关系"的理论。他表示，新型大国关系中含有"不冲突不对抗、相互尊重、合作共赢"三种意义。其实质意图是反对美国不断提出的"浮出水面的新型大国"（中国）和"既存大国"（美国）之间的冲突不可避免这一主张。

换言之，习近平主席的主要意思是，中国承认美国在世界上的权威，也希望美国能够尊重中国的核心利益。中国所说的核心利益大体包括三方面：其一是保持中国共产党的一党制，其二是持续的经济发展，其三是保护中国的领土和主权不受侵害。习近平主席领导的中国提出了这些说法，并死死地握住了强化军事力量的缰绳，这是其政策的特点。通过12字方针这一新时期的强军目标也能看出习近平主席的意图，这就是"听党指挥、能打胜仗、作风优良"。

清华大学教授阎学通说，进入习近平时代，中国的外交有三项变化：第一项变化是从以经济利益为主转变为以政治利益为主；第二项变化是中国比起过去，要更多地承担国际责任；第三项变化是更积极于安保问题。

中国亚太经合组织发展理事会理事长张力军表示，作为以上变化的一环，中国有计划积极协力促进东亚太平洋地区的经济统合。他还表示，

“现在地球村上的经济全球化和社会信息化有发展的趋势，国家之间紧密地互相联系着，没有国家是孤立的存在”，“所以，中国一向以开放的态度来包容和支持推进东亚太平洋地区经济统合的有利制度”。他还阐明，中国正在寻找关于促进东亚太平洋地区经济统合的新方案，对于东亚太平洋经济大国们的发展水平互不相同的这一客观现实，中国会以渐进的、开放的态度来对应。

推进牵制保护贸易主义，提高贸易自由化程度和便利性水平则是实践如上计划的一环，为此，中国现在正在大力推进“高铁外交”。“高铁外交”的首要目的是促进能源资源进口，扩大中国对周边国家的影响力，张力军说，“现在外交也需要创新”，经济手段是国家之间外交关系的催化剂，想要达成化学融合，这是当前中国外交的特征。

这样的外交形式是继过去“乒乓外交”和“熊猫外交”之后的“中国 3.0 版本”的中国外交。“乒乓外交”掀起了竹帘，“熊猫外交”刺激了对方国家的感性认识。现在的“高铁外交”则深入实惠。这是继毛泽东的政治革命、邓小平的经济革命后，习近平式中国外交的转变标志。

中国当前正在推进构建起自昆明终到新加坡的泛亚铁路，这是最近朴槿惠总统在欧洲提出的要以铁路连接朝鲜半岛和欧洲的“欧亚倡议”的东南亚版本。

2013 年 10 月，中国国务院总理李克强出席了在泰国曼谷中国铁路总公司（过去的国务院铁道部）举办的中国高速铁路展开幕式，并签署了《中泰政府关于泰国铁路基础设施发展与泰国农产品交换的政府间合作项目的谅解备忘录》，当时媒体将这一协议称为“高铁换大米”。继泰国之后，越南也组织了为进行海上共同开发、金融协作和基础设施合作的三个工程组，并协议在年内动工，这一基础设施合作组的主要业务是销售中国高速铁路。中国的外交向东南亚国家联盟各国展示了命运共同体、利益共同体、责任共同体这三项共同体的实现，而高速铁路正是连接这三项共同体的主要道具。

中国的“高铁外交”从三大战略方向推进，分别是经由俄罗斯通向欧洲的欧亚铁路，从新疆乌鲁木齐出发经过中东亚并最终到达德国的中央东亚线，和路经东南亚国家开往新加坡的泛亚铁路。

然而，铁路市场却并非只是中国的囊中之物，中国也在与日本等各国展开激烈的竞争。东南亚之前是日本的前院，而最近十余年气氛却突然有了变化，日本的影响力减弱，中国的影响力迅速增加。美国宣布实行“亚太再平衡”战略后，日本判断这是联合东南亚地区排挤中国的好时机。然而，东南亚国家为了国家利益的最大化，采取的是在中国和日本之间的均衡政策，还有一些国家采取了更加亲近中国的战略，这说明日本很难在东南亚找到牵制中国的国家。中国的“高铁外交”能够成为一把打破东南亚和日本合纵连横的“传家宝刀”。

中国与14个国家的国境接壤，要实现中国梦，就要十分重视与东亚国家保持和平和安定的关系。中国当局已经认识到，要走这样的路线，中国与朝鲜半岛尤其是韩国的交流和合作就非常重要。

（二）朴槿惠总统的“第二汉江奇迹”论

1. 经济民主化和国民大统合的旗帜

为实现朴槿惠总统在就职演说上强调的“第二汉江奇迹”，最重要的是打开对附加价值高、创造就业效果好的高级服务业，即医疗、观光、金融、教育、法律领域的限制。

“创造经济论”的内容是扩大对信息通信技术（ICT）文化资讯服务产业的投资并创造新的市场和就业。其中的 ICT 是提高农业、学习、医疗、能源等产业的生产效率的核心产业。只有通过让步正规职业的既得利益，缩小其与非正规职业之间的差距，减轻企业负担，“创造经济论”的效果才能体现出来。

为此，朴槿惠总统一再强调经济民主化，为实现经济民主化，要严禁大企业抢夺中小企业订单的不公正行为和受到社会指责的大企业和高官之间的腐败现象。但是，不能由于经济民主化而产生反企业情绪，这是实行经济民主化的先行条件。

为防止反企业情绪，就要达成社会统合，威胁社会统合的最大障碍是两极分化现象。当前韩国有着 1 000 兆韩元的家庭负债，韩国自杀率是经济合作与发展组织（OECD）会员国中最高的，低出生率、人口老龄化等问题是世界上最严重的，这些定时炸弹何时会爆发还是未知数。为了解决这些问题，就要保障脆弱阶层的基础生活，从疾病、失业、养老等社会危险中保护每一个人，只有将社会安全网编织细密，才能降低这些问题的危险性。

然而，问题在于福利的来源。若想要履行大选时允诺的所有内容，5 年之间就需要 135 兆韩元这一天文数字。若为此使过多的福利损害了财政健全性，熄灭了发展的火种，就会危害后人。因此，韩国要实行的不是花很多钱的“不断供给的福利”，而是“劳动的福利”，让福利与发展共同进行，并提高福利体系的效率性和透明度。

韩国还要强化生育支持，让怀孕成为祝福而非忧虑，还要营造让人们能够安心养育后代的环境。若非如此，就无法解决生育率低的问题。

要让韩国成为人们希望能生育孩子的国家，女性就业率才能提高，女性地位也会上升，让第一位女性总统闻名世界。

多亏了父母一代勒紧腰带教育子女的教育热情，韩国才能从东北亚的边陲穷国发展为世界十大经济强国之一。21 世纪知识信息化时代需要与过去不同的创意型、融合型人才。朴槿惠总统说，“发掘所有学生的潜力是国家发展的原始动力”。正如此言，韩国要营造能够让个人的素质和能力开花结果的教育环境。为此，要尽快规划好具体的培养人才的计划，让社会成为以能力而非学历为主导的社会，这一点也非常重要。韩国要增加公共教育和终身教育的机会，复原帮助阶层上升的社会阶梯，让所有国民无论出身如何，都能实现自己的梦想。

“文化昌盛”是朴槿惠总统三大国政目标之一，她披露了自己要成为“文化总统”的意志。韩民族的无形资产文化现在成为创造就业的新一代发展动力，受到广泛关注，韩流就是一个很好的例子。朴槿惠总统还积极参与提高精神文化价值的活动，为此，她积极地参与扩建图书馆、营造读书读报的文化氛围等巩固文化基础的事项。

朴槿惠总统更积极致力于保护国民生命和财产的事项，她认为无论国境防备多么严密，若日常生活不安，公民也不会幸福。她将性暴力、家庭暴力、不良食品、校园暴力规定为社会“四大恶”，并决心剔除这些现象，并为实施此计划增加了 2 万名警力。她说，“要创造一个不是由暴力而是由法律做主的社会，要创造一个法律是弱者的正义之盾的社会”，从这一内容也可以看出朴槿惠总统的意图。

朴槿惠总统也非常关注环境问题，前任总统李明博率先提出了绿色发展问题并打下了底稿，朴槿惠政府则让这一决策植根社会，将其发展为新的经济发展模型，构建了精致的由社会变化引起的灾难防备系统，试图创造一个“安全社会”。

韩国政府成功地实施了一系列政策，实现朴槿惠总统的大统合就是朴槿惠政府的国家政治目标。他们认为，若想要创造一个不是部分公民而是所有公民都幸福的国家，就要先关怀社会的弱者，首先解决聘用高中毕业女性和残疾人等担任公职的问题。

对于国家安全和外交问题，朴槿惠总统强调说不可容忍任何威胁公民的生命和大韩民国安全的行为，还表示要以朝鲜半岛信赖进程来创造幸福的统一时代的基础，让所有韩民族同胞都能享受更加丰饶和自由的生活。她提出，为了积累韩朝之间的信任，要一步一步地走下去。朴槿惠总统阐明了不容许朝鲜研究核武器的立场，同时打开了对话交流的窗口，要并行对话和抑制政策，以确保韩国和朝鲜在和平共存的道路上越走越远。

而若想实现以上内容，就要继续强化韩美同盟。然而，韩美同盟不是牵制中国或韩国单方面依存美国的手段，韩国要有将其升华为互惠同盟的智慧。因为为了东北亚的和平与安定，构建韩国与中国之间的信赖非常重要。

历史的构建依靠天时与人和，现在朴槿惠总统发挥着领导力，将大韩民国所具有的所有力量和资产集于一处，来达成经济民主化、国民大统合的目标，并正在努力创造一个丰饶、坚实和受到尊敬的大韩民国。

2. 信赖外交

朴槿惠政府将“营造幸福的统一时代的基础”设定为外交政策的基本目标，其实现机制是以“信赖外交”为基础的朝鲜半岛信赖进程和东北亚和平合作构想。

信赖外交的核心是谋求朝鲜半岛信赖进程和东北亚和平合作。朴槿惠政府的外交政策以“国民信赖、南北信赖、国际信赖”为基础，提出了打开“新朝鲜半岛时代”的三大政策基调和七大政策课题。三大政策基调指的是：(1) 可持续的和平；(2) 受到信任的外交；(3) 幸福的统一。“可持续的和平”指的是朝鲜放弃挑衅，成为国际社会中有责任感的一员，韩国的对朝政策也要脱离怀柔或强硬的二分法，推进平衡的对朝政策，这时就达成了可持续的和平。“受到信任的外交”指的是竭尽全力为解决地球村问题负责，进而国际社会对朝鲜半岛和平与统一的支持也会更加广泛。“幸福的统一”指的是统一不要明日复明日，一定要早日达成，要集结公民的力量，并通过与国际社会的合作从实质上进行准备。

七大政策课题指的是：(1) 守护主权和保障安全；(2) 解决朝鲜问题；(3) 韩朝关系的正常化；(4) 由小到大的逐步统一；(5) 促进东北亚和平和欧亚合作；(6) 经济外交的升级与新发展动力的发现；(7) 国民外交时代的开始。这些课题中，外交政策的核心是“解决朝鲜问题”“韩朝关系的正常化”和“促进东北亚和平和欧亚合作”。

为此，韩国外交部将“彻底实现国民幸福、朝鲜半岛幸福、地球村幸福”作为外交展望，提出了做对朝鲜半岛—东北亚的和平和共同发展以及人类发展有贡献、受信任的韩国，增进国民幸福和创造魅力韩国这一核心目标。为了达成这一核心目标，要展开“和公民一起达成信赖外交”的行动，并提出了以下七点内容作为国家政治课题的中心：(1) 强化解决朝核问题的动力；(2) 协调、发展韩美同盟和中韩合作伙伴关系，稳定韩日关系；(3) 构思东北亚和平合作，扩大欧亚合作；(4) 成为为世界和平与发展做出贡献的、有责任感的中坚国家；（5）保护在外国民的安全和权益，扩大公共外交和就业外交；（6）强化经济合作力量；（7）持续扩大官方发展援助（ODA），推进模范的、统合的开发合作。

这些外交政策的推进方向告诉我们，协调地发展韩美同盟和中韩合作伙伴关系、实现东北亚的和平合作构想是关键所在。首先，韩国的意图是，在韩美同盟签署 60 周年之际，将韩美同盟升华并发展为包括安全保障和经济在内的，两国共同应对韩国、地区和世界挑战的 21 世纪全面战略同盟。中韩之间也要强化政治、安全保障领域上的合作，将两国关系进一步充实为能够共同管理敏感悬案问题的战略伙伴关系。

同时，东北亚和平合作构想是韩国外交政策的核心课题。东北亚区域内的国家之间经济上相互依存度增大，而军备竞争和历史、领土等矛盾也在持续，韩国要将这些矛盾结构转化为多边合作的框架，来谋求朝鲜半岛、东北亚的可持续的和平与发展。

朝鲜半岛信赖进程的目标十分明确，就是朝鲜遵守国际规范，并将朝鲜半岛打造为能够为东北亚和平做出贡献的、有责任感的国际社会的一员，通过韩国与朝鲜之间渐进式的信赖进程创造可持续的和平。因此，朝鲜半岛信赖进程的终极目标就是引导朝鲜的行为和结构变化，通过构建可预测的信赖结构，创造朝鲜半岛的和平。

为达到以上内容，要遵守以下操作原则：第一，要斩断挑衅和补偿的恶性循环圈。朴槿惠总统认为，因为朝鲜挑衅后总是能得到补偿，所以韩国未能改变朝鲜。只有以怨报怨、以德报德，方能斩断这一恶性循环。第二，金大中政府的阳光政策或李明博政府的强压政策都未能使朝鲜发生变化，所以信赖进程吸收了之前政府政策的优点，是一个灵活而立足于原则的包容政策。第三，毁约会损害相互之间的信任，所以一定要以信赖结构为基础来履行约定。只有双方都遵守约定时，才能使相互交流和合作更有意义，更容易构建信赖关系，从根本上达成信赖结构的制度化。第四，要在相互利益的基础上构建信赖，而相互利益不存在的状态下很难构建信赖。所以朝鲜半岛的信赖进程要遵循先易后难的原则，可以说这和金大中政府的化解合作政策类似。第五，要根据事件达成一贯的均衡，安全保障要使合作交流和平衡相配合，韩朝对话要与国际社会达成合作和平衡。第六，信赖进程取决于和平进程，因为若信赖进程尚未成功，那么和平进程也很难达成。第七，要知道信赖外交的构思很难在短期内改善韩朝关系，要把重点放在长期目标上，所以对朝政策要有耐心，要慎重地规划，持续展开。

韩国发现，在朝鲜半岛与东北亚的和平繁荣方面，中国的战略重要性在逐渐增大，中国的能力能够对朝鲜的变化施以影响，要将中国的能力作为主要的战略价值，因此韩国形成了东北亚和平合作构想和朴槿惠政府对强国外交的构思。强国外交的核心是优先恢复李明博政府时期恶化的对中关系，更新调整与美国和中国的关系。这一点从朴槿惠总统当选时破例将中国选为首个特使派遣国就可窥得端倪。李明博当选时，将美国、中国、日本、俄罗斯四个强国同时选为特使派遣国，考虑到这一点，可以看出朴槿惠的决定是在展示其要将外交努力集中于改善对中关系的决心。

在外交政策课题优先顺序中，“韩美同盟和中韩关系的和谐发展”一跃成为第二个核心政策，仅排在“强化动力解决朝核问题”之后，可以说表面上中国已上升至和美国同样的地位。中国对韩国政策变化的反馈，则是表示要积极支持朴槿惠总统的朝鲜半岛信赖进程和东北亚和平合作构想。

东北亚和平合作构想，可以说是朴槿惠政府为了强国外交，即同盟政治和中韩关系的和谐发展而进行的高度战略应对。朴槿惠总统在美国议会联合演说中说明的东北亚和平合作构想，是“在东北亚地区内部形成一个网一样的相互依存的框架，强化脆弱的相互关系并填补空白。在环境、灾难救助、原子安全、应对恐怖主义等软问题的合作保障安全问题上，积累量少质高的有意义合作，形成合作的习惯，从根本上通过这种合作的习惯来构建信赖，开创和平、协力、具有责任感的东北亚时代”。

三、文化和发展的交响乐

（一）中韩两国经济发展的文化基础

普通意义上来讲，文化是指根据人类生活的需要，对信息进行编辑，随着历史的推进而形成的产物。而文明则可以形容成是以被编辑的信息为基础，根据人类的需求，由知识创造出的产物。被编辑的信息中有积极的信息也有相对消极的信息，由此，根据积极的和消极的信息所占的比重，也就分出了文化大国和文化小国。

文化的发展、衰退和历史的发展形成了函数关系，因此文化得以发展也就意味着国民生产总值的提高，也会把国家推向鼎盛时期；而文化的衰退则会削弱国家提高国民生产总值的能力，也将会导致国家政权被颠覆甚至国家灭亡。这样的函数关系在希腊、罗马、埃及、印度和中国的历史上都得到了印证。

尽管如此，即便文化在某种程度上的发展可以推进国家进入全盛时期，这种文化的发展也会伴随着相当程度上的牺牲和被推翻，同时也可能在发展的过程中走一些弯路。在这样的情况下，通过共生求得相对稳定的发展的方法并没有被采纳，无论是发达国家还是相对落后的国家，都把个人利益放在了首位。近代以后帝国主义者们对于殖民地、半殖民地的优越意识，“白澳政策”等种族歧视主义，成为战争和矛盾、压制和虐待等恐怖主义的导火索，也让整个世界都陷入了黑暗当中。

考虑到这一点，中韩两国要树立文化自信，这将一洗近代化过程中的屈辱，中韩两国将重新站立起来。

这种现象在中韩两国推进经济发展计划的过程中得到了充分的体现。首先，从韩国的经济发展政策的制定和推行情况来看，韩国人具备的文化力量作为坚实的基础，长久以来成功地完善和推进着经济的发展。

韩国政府正式成立以后，虽然一直在尝试着拟订经济发展计划，但正式开始实施推进计划应该是从 1962 年第一个经济发展五年计划开始的。这份计划在 1996 年完成第七个五年计划时正式结束，这个计划可以被视为韩国经济发展的试金石。而在推进发展计划的过程中，韩国人的热情以及文化方面的力量，也当之无愧地成了全世界的榜样。

在推进发展计划的过程中，体现出了相当程度上的多样性和适应性，由此我们也能够进一步了解当时的情况。也就是说，计划拟订的过程中，不仅相关部门的干涉行为不断地加剧，在拟订计划的过程中也渐渐地呈现出了分权化和专门化。可以说，韩国人是在靠自己的力量推动着经济的发展。

第一个经济发展五年计划的本质，由于当时基础资料的不足，可以说是一次旨在分配整体经济资源的资源计划和全面性的计划。但是从第三个五年计划（1972—1976年）开始，由于经济规模的扩大和复杂性的增大，为了适应当时的经济环境，计划的本质开始向政策计划的方向转变。从第五个五年计划（1982—1986年）开始，为了提高政策计划的实效性，又实现了向诱导计划方向的转型。而随着计划的性质的不断变化，推行计划的措施也在不断地变化。

通过不同时期的对计划的执行，随着经济条件的变化，韩国政府也在对原来的计划不断地进行修订和补充。政治、经济方面的条件在有很大变动的情况下，通过整体地放弃原先的计划、采用修订计划等手段，保证能动性的解决方案政策的实施。

举例说明，1960年初以后，由于经济、社会条件的变化，达成原定计划的目标的难度加大，所有的精力都投入当时最迫在眉睫的实现独立经济体系上。达成这个目标后，实现地区经济的发展均衡就成了第三个五年计划的终极目标，而第四个五年计划则是为了推进社会发展、完善所得分配。到了第五个五年计划的时候，维护经济安定就成了最基本的目标。第六个五年计划的时候，“以效率和平衡为基础的经济发达化和增加国民福利”基本目标的提出，把均衡问题提升到了一个新的高度，把“对弱势群体和落后部门的权利支援”作为重要课题。

针对这些目标的发展战略是：第一，把所有的计划作为不均衡发展战略的基础。第二，切实树立对外指向性的工业化战略概念。第三，为了确保经济的独立性和一贯性，提出了在能够达到国际指标的基础上，最大程度减少海外储蓄和引进外资的策略。

这些计划和发展策略的目标在经济增长率、国内投资率、商品进出口增长率等方面都实现了完成甚至超越。各类产业的投资分配和产业结构变化的时机情况虽没能达到与初期计划的完全一致，但却保证了与产业结构的尖端化目标的一致性，并且国际指标、国内储蓄率、通货膨胀等方面的计划目标也全部达成。尽管住宅普及率等社会发展指标没有在实质上完全达到，但是却为实现韩国经济稳定健康地发展奠定了基础。

综合来看，这样的发展计划之所以能够取得上述成就，原因如下：首先，在计划拟订的过程中，通过加强相关部门对经济问题的认知程度，提高了其决策能力。其次，计划的发布有效地把民间企业的活动向有助于促进经济发展的方向进行了引导。再次，汉江奇迹在激励全国人民团结一致方面起到了不可小觑的作用。最后，国民自发的凝聚能量，不懈地加深研究力度，也就是说文化方面的因素起到了巨大的作用。

一衣带水的中韩两国属于同一个脉络。作为韩国文化之源泉的中国，在充分感知自己独有文化的基础上，如果能够不断提高国民意识以及对政府的信赖程度的话，必将获得比韩国更加显著的成效。1978 年中国共产党第十一届三中全会以后，针对市场经济提出了一系列的问题，也就是通过改革开放理论的探索和实践，中国式社会主义市场经济体系框架正式被提出。紧接着，1984 年中国共产党第十二届三中全会一致通过了《中共中央关于经济体制改革的决定》，指出社会主义计划经济是“在公有制基础上的有计划的商品经济”，这些用语在 1993 年 3 月 29 日的第八届全国人民代表大会第一次会议上修订的《宪法》中被明确定义，也标志着中国经济体系的方向被正式确立。

中国式的社会主义市场经济是指在国家的宏观经济调控之下，对市场资源的分配。因此，要加强和改进国家对经济的宏观调控职能，通过建立更加完善的经济政策、经济法规以及计划指导和必要的行政管理，引导市场向着更加健全的方向发展。

这样的决定是在近代化失败以后，经历了巨大考验的中国第一次没有遵循西方制度和政策，而是按照实际国情以实现全新的发展为目标制定的发展框架。今天的中国，也向世界证明了这项政策的正确和伟大。按照本国国情制定政策并集中 13 亿人口的力量推进、实现政策，根基深厚的中国文化是这项伟大任务能够得以实现的基础。

（二） 为实现中韩关系友好发展的提案

朴槿惠总统的强国外交政策在很多方面可以说比起以往的任何一个时期都更加全面。尽管如此，我们不得不承认，这一政策还是有一定的局限性的。

第一个问题是，在处理朝鲜问题方面，要怎样面对美国和中国的不同态度。我们之所以对朴槿惠总统的信赖外交给予积极的评价，是因为韩国一直坚持通过对话和协商的方式解决朝鲜问题。但是，为了使朝鲜停止军事挑衅，韩国表示“不正当的行为是不能被补救的”，要求朝鲜采取“正确选择”。这让我们感觉到，韩朝关系达到相互信赖绝非易事。朴槿惠政府为了压制朝鲜，在中美韩三国之间不断地进行战略性对话，但是中国则主张在进行六方会谈、朝美两方会谈、韩朝会谈等之后，推进四方会谈。此外，在中韩首脑会谈共同声明中，被强调的是朝鲜半岛无核化而非朝鲜无核化的事实以及在丝毫未提及朝鲜这一点上都说明，中韩两国在朝鲜问题上存在着嫌隙。

第二个问题是，朴槿惠政府在推进“同盟和多方安保协作的组合”政策的道路上也是困难重重。其原因就在于两者在本质上就是相互冲突的。中国对于朴槿惠政府为了维持东北亚的和平与协作提出的信赖外交表示出很浓厚的兴趣。习近平主席强调，国际社会要朝着全面安保、共同安保、协作安保的方向发展。由此可见，相较于同盟，习近平主席对通过多方安保协作构筑集团安全保障体系更为关注。但是朴槿惠总统一方面以基本的同盟为出发点，在对美关系中让美国的“亚太再平衡”战略在亚太地区发挥关键作用；另一方面为了强化导弹防御协作而深化整体战略同盟。

第三个问题是，相较于区域内的多方安保协作而言，朴槿惠政府把重点放在了同盟上。战时作战指挥权的延期问题也没能摆脱这种关系的影响。但从中国人的情绪出发，对这一点的认同方面还是存在一些差异的。因为中国政府方面对美国的“亚太再平衡”战略的认知程度相对更加深刻。正如中美关系学家、北京大学国际关系学院院长王缉思所指出的，对于世界问题，美国的终极目标在于维持领导权和控制权，在巩固美国地位的同时，对中国进行压制，不让中国变成世界强国。这样的见解已经在中国人心中根深蒂固了。在这种情况下，对于“同盟”的过分强调，会给中韩外交关系带来一定的摩擦。

第四个问题是，在习近平主席与美国构筑新的强国关系的情况下，韩国和中国的关系设定也是一道难题。2013 年中美首脑会谈中，习近平主席提到“新型大国关系”时强调了三点：第一，不冲突、不对抗；第二，相互尊重；第三，合作共赢。

在这里，对新型大国关系的含义的理解要从两个方面出发。如果中国和美国能够成功地构筑协作关系，并一直维持下去的话，韩国的立场就会非常的艰难。反过来，如果两国间潜在的矛盾显现出来的话，韩国要么与美国联手对中国加以牵制，要么放弃同盟国美国，与中国形成外交上的权力平衡，二者不可兼得。这就是朴槿惠政府在战略决策上难以选择的理由。

虽然面对着这么多的问题，但是今后外交路线的方向还是要致力于韩美同盟和中韩关系平衡发展。其原因就在于，在朝鲜没有停止挑衅行为和核武器开发的情况下，韩国不得不通过韩美同盟对其进行军事上的压制；而中韩关系的持续稳定发展则不仅关系到朝鲜问题，与经济问题、东北亚安保的平衡问题、日本右翼政府在领土问题方面的挑衅都有着密不可分的关系。因此，在这样的形势下，韩国别无他选。然而，反过来，这样的情况本身也对朴槿惠政府提出的外交政策的核心任务，即构建韩美同盟和中韩关系的平衡发展在本质上起到了一定的牵制作用。一方面强调要加强同盟关系，另一方面又表示要推进能够解决传统安保问题的东北亚和平合作构想，这本身就是矛盾的。在这样的政治立场下，解决问题的唯一方法就是加深民间交往，也就是更大程度上活跃民间交往，让两国国民能够更大程度地理解相互的立场。因为政治本身就是依靠国民的力量才得以实现的。在这一点上，有必要通过历史教育加深两国国民对祖先们交流合作智慧的认识。

第八章

中国是机会之国吗？

一、韩国人对中国特色社会主义市场经济的看法

韩国人对日本的高速发展爱恨交织。日本自 20 世纪 90 年代以来长期未能走出经济萧条，韩国人在心中拍手称快，并同时趁着这一机会倾注所有力量发展，终于在 2014 年取得了年总收入赶超日本的成果。但专家分析，与其说这是韩国的经济发展程度高，不如说是因为日本经济太过低迷。而日本又炮制日本帝国主义时期的右翼化，借此集中公意，试图改善经济萧条。同时，日本想用安倍经济政策来拯救日本，并预言安倍首相的努力在两年后即可见分晓。即使暂且不谈日本的这一论调，韩国经济也已经受到了日本安倍经济政策的影响而遇到了挑战。韩国在国土、人口等方面都有局限性，除去继续保持出口产业结构外，也并没有发现新的突破口。同时，韩币的升值带来了出口竞争力的下降，再加之国内环境也不容乐观，政府主导下的改革现在遭到了很多抵抗。在这种情况下，想继续发展韩国经济很困难。

并且，世界经济三大轴心之美国、欧洲、中国的经济增长同时放缓，使韩国经济的出口策略更加举步维艰。2008 年金融危机之后，美国进行

了无限制的财政投入，而经济却仍没有恢复，欧元地区的经济状况也比表面更加严峻。虽然日本放松银根带来的期待心理粉碎了经济泡沫，之后股价首次急速上涨，企业业绩上涨，投资欲望上升，但持续不断的贸易赤字已超过 1 000 兆日元，在这样的政府负债之下，日本经济仍不容乐观。这样，希望先进国能够引领世界经济发展的期待也彻底落空了。这些现象也对相对繁荣的新兴国家经济带来了连锁的影响，整个国际经济乌云密布。

在这一情形中，以世界第二大经济体登上舞台的中国经济也受到了影响。虽然中国也存在劳动力减少、国家处于改革发展的十字路口、内部有矛盾等问题，但中国大规模地改革了宏观经济政策，推进经济改革。再加上只要中国以巨大的人口基数、已夯实的经济结构等为基础实施好振奋内需的政策，其经济就不会轻易坍塌。

较之中国，韩国近几年的经济增长率都没有超过 3%。在这样低增长的经济基础下，韩国企业投资萎靡，商店消费萎靡，出生率低、老龄化严重等还带来了经济构造上的问题，在这祸不单行的情况中，韩国也加大了通货紧缩的力度。

朴槿惠总统在 2014 年初记者见面会上，就国内经济状况使用了“南北统一最棒”这一表达，预想统一是解决当前问题的突破口，但这毕竟是遥远的畅想。最近朝鲜的表现似乎是统一的前奏，但统一不会如此容易，期待统一有些太乐观了。这一说法只是为了扭转局面而对公民的安慰。

若要说更实际性的改善政策，我们需要的是将新产业的范围扩大至当前还没有经手过的领域，通过讨论，总体复核事业的资产组合，并转换现有的市场、顾客、渠道等事业对象。在这些对象中，最受关注的还属中国，所以笔者认为中国是机会之国，理由如下：

韩国人看现代中国时，经常会觉得复杂而不易理解。第一个原因就是中国的变化快，同一地区只要经过半年就会焕然一新。韩国的变化虽然也算是较快，但中国比韩国要快上几倍。当然，不同地区情况也有所不同，但韩国人能够看到的主要集中在城市地区，所以更容易产生中国变化快的想法。建筑物等外部的变化还比较易于理解，使韩国人瞠目结舌的是，经济局势或商业局势在不知不觉中就发生了 180 度大转变。这也是外国人认为在中国发展很可能会失败的主要原因。所以，需要纵向地来理解中国。

还有一点，中国的变化根据地区情况有很大的不同。由于中国领土太大，所以南北地区风俗习惯理所当然地有所不同，而因发展程度不同产生的差异更加剧了这样的现象。更特别的是，同一地区和城市中也会发现截然不同的现象，这使人更加吃惊。可以说，中国实际上不存在平均值，所以以最大公约数来理解中国是个比较好的方法。不过，并不是说这样就能理解中国。简而言之，可以说韩国人是不可能理解中国的。

究其原因，主要有以下几点：

第一，在具体政策实施时，中国各地区的实际情况差别较大。第二，中国人之间有内面和外面两种标准，所以韩国人无法根据韩国的习惯来理解这一点。第三，对政治体制信息的判断根据自身情况和立场会产生各种不同的推测，模糊不清。当然，除这三点之外，还存在很多超越常识的差异和多样性。中国学者说“在中国有欧美，也有非洲”，这句话应该可以作为韩国人无法理解中国的答案。也就是说，在地域辽阔、民族众多的中国，既存在着现代消费社会和城市，也同时存在前近代社会。简单来说，有个国家有些地方假货横行，但却成功地进行了载人航天飞行和宇宙线实验，这个国家就是中国。

一部分韩国人认为，中国是从传统上就这样一直发展而来的。还有一部分人认为，中国呈现出当前的面貌是改革开放政策的进行和其成果造成的。比起前者，认为后者是其背景的占 90%以上。韩国人对中国改革开放的理解如下：

由于管制经济、东西冷战、中苏对立等原因，中华人民共和国成立后 30 余年内只强调自力更生，生产力和技术水平都远远落后于西方先进国家。从政治上来看，1966 年开始往后的十年间，中国进行了“文化大革命”，社会混乱不堪。1976 年，国家的中流砥柱周恩来和毛泽东相继去世，一直主导“文化大革命”的“四人帮”被打倒，情势要求在国民之间构建出新的秩序和统治构造。1978 年 12 月，中国共产党第十一届三中全会制定了改革开放的路线。

当时中国政府的方针是从阶级斗争转向经济建设，建立了农业、工业、国防、科学技术现代化的纲领，导入改革开放政策，欲从现实上检验这一政策的实施。也就是说，坚持社会主义的同时，部分地采取资本主义元素来活化经济，通过与外国的合作来改善技术，补充资金缺陷。

这一政策着力于引领中国人大胆尝试的心态，在这个基础上，有说法称韩国“新村运动”的方式成了一个典范。不管怎么说，改革从农村开始蓬勃地进行起来了。

改革开放之前，农村实行的都是人民公社式的集体农业；改革开放以后，每家农户定额上缴，其后导入了自由的生产承包制。随着自己的收入上升，农民的生产欲望也极大地上升，粮食等农作物的生产量呈飞跃式增长。1978 年到 1985 年 7 年间，农村净收入增加了 2.7 倍之多，出现了被称为“万元户”的富裕家庭。以农村的成功事例为基础，1984 年开始改革的重点转向了城市，政府导入了对因计划经济停滞的经济实施刺激的方式，以此引出了人们跃跃欲试的心理。

之后，中国又导入了各种政策，在此期间也遭遇了很多难题，但中国人以其固有的智慧轻易地将其一一破解，达成了今天的繁荣昌盛。但是，在这个过程中起到最重要作用的是改革开放政策的领导力，它引出了中国人想要尝试的心理，韩国人认为这领导力正是关键所在。

二、韩国与中国这一世界经济的主角进行交流不可避免

改革开放政策实施后，中国跨越了一段历史，向全世界展示了自己的存在。2010 年 6 月，中国的国内生产总值超越了当时占第二位的日本，成为世界第二大经济体。中国对世界发展的贡献，在 2007 年以 27%的数字超越了美国，这一点就可以说明中国经济之强。

2008 年始于美国的金融危机发生之后，所谓的先进国都受到了极大的冲击，但与此相比，中国更早地克服了经济危机，世界经济开始呈现依靠以中国为中心的金砖国家（BRICs）发展的趋势。中国成为“世界的工厂”，主导着全球供给，也以占世界人口 1/5 的购买力影响着原材料、能源、食品材料等的价格。

2007 年，中国经济从世界经济中脱颖而出，温室气体排放量超越了美国。随着 2008 年雷曼兄弟带来的冲击，发达国家的经济基础下沉，中

国迅速崛起。一个代表性的现象就是，为了快速应对金融危机，2008 年 11 月首届 G20 峰会召开，而由于各国之间、各地区之间的利害关系，协议达成更加复杂。随着人、物、钱、企业、中国人的行动方式等价值观对世界各地产生了直接、间接的影响，世界体会到了强大的中国，现在不管去往世界哪里都会受到中国的影响，世界充分地感受到了中国的力量。

2011 年，中韩互访的旅客达到 668 万名，其中 250 万名中国游客去往韩国，418 万名韩国游客游览了中国。商品贸易总额从 1992 年刚建交的 64 亿美元达到了 2013 年的 2 742 亿美元，增加了 45 倍之多。世界上，韩国的对中出口规模最大，以 2013 年为例，日本为 1 622 亿美元，美国为 1 525.8 亿美元，而韩国为 1 830.7 亿美元。韩国对中投资由 1992 年的 2 亿美元达到了 2011 年的 500 亿美元以上，进驻中国的企业也大展身手，三星的销售额达到 600 亿美元，现代和起亚汽车也生产并销售了 114 万台汽车。从留学生数量来看，2015 年韩国有 62 442 名留学生到中国留学，中国在韩留学生也达 61 940 名。这些都说明了中韩两国的交流在世界上都史无前例，两国间的交流合作信任度达到了其他国家所不可比拟的深厚。如此的信任度表明中韩建交 20 余年来两国关系不断发展，在经济、贸易、人员交流、文化、政治、外交等方面都取得了辉煌的发展成果。

仰光事件发生以后，原本以打开对中交流为目的的北方政策也因这一事件而停滞下来。以改革开放总设计师邓小平 1992 年南方谈话为起点，中国遍地燃烧起改革开放的火种。这时的中国需要同伴，而具有中国所需要的适当技术能力的韩国就作为主要对象脱颖而出。在这样的情况下，中国决定进行中韩建交。中国内部后来也评价道，中韩建交是中国改革开放政策和实事求是政策的一个成功案例，并且中韩建交也对中韩两国的经济发展做出了极大的贡献。中韩也迎来了两国关系的转换期，在中韩建交 16 年后的 2008 年，中韩两国从过去的敌对关系一转成为“战略合作伙伴关系”。

当然，虽然形成了当前这样好的伙伴关系，但中韩两国内部仍盘踞着不少问题也是事实。这些问题堆积如山，包括朝鲜问题、脱离朝鲜人士的问题、历史的问题、文化始祖争论问题等。

即使如此，由于中国给朝鲜半岛政局变化带来的影响过于强大，中韩关系已经处于无法忽略的命运关系之中，两国关系如何直接关系到朝鲜半岛的生死祸福。

2013 年 6 月中韩首脑会谈时，财团法人朝鲜半岛未来财团委托民意调查专门机构 Realmeter 进行了关于中韩关系的民意调查。调查结果显示，有 83%的参与者认为中韩关系比日韩关系更加重要。在关于今后与中国关系的问题上，表示“某种程度上值得期待”的参与调查者比例最高，占 54.5%；认为“期待很高”的占 19.9%；选择“会有负面情况”的占 21.8%；“不太期待”的有 20.1%；而只有 1.7%的受访者选择了“完全无法期待”。这说明韩国人对中国看法有了很大的改观。

尤其是韩国人中 63.6%赞成中韩自由贸易协定（FTA），这与 2011 年实施的韩美 FTA 国会案赞成与反对各半的结果相比较，赞成意见提高了 20%以上。这说明韩国人对中国寄予厚望。

如此看来，大多数韩国人（85.1%）看好今后的中韩关系，对于“希望今后的中韩关系如何”这一问题，64.8%的韩国人表示最希望看到的是“合作关系”。这与2004年韩国KBS电视台调查中有79.8%的韩国人认为“韩国与中国是竞争关系”相比，有了180度的大转变。

特别是在韩国人最敏感的朝鲜半岛和平与安定问题上，有46%的人认为，为了朝鲜半岛的和平和安定，最优先要与美国构建合作关系，而选择中国的则有28.9%。这一点是过去所无法想象的，明确地体现了韩国人对中国抱有莫大的期待。

第九章

中韩关系的重新确立
与未来的角色

一、重新认识东亚传统地区秩序的必要性

近代之前，人们对中华世界秩序（Chinese world order）的一般认识是，将其称为中华世界，理解为以中华秩序的华夷观念为基础的秩序，即华夷秩序。这是一个以中国古代王朝为顶点，周边国家朝贡、被册封的东亚国际关系秩序。当时的中国古代王朝信奉中国古代的敬天思想和基于华夷秩序的四围认识的天下观念，中华世界秩序地区包括以中国和以中国为中心的东亚周边国家。

这一秩序体系在 6—7 世纪后形成了以中国文明为中心的“自我完成式的文化圈”（东亚世界）。中华世界秩序中，周边国家以中国为顶点从属于朝贡—册封关系，基于这一单一原理形成了“自我完成式的体系”。以上这些是人们目前的理解，但现在有必要重新确立“中华世界整体是自我完成式的文化圈”这一观点，即有必要重新认识东亚世界。

东亚地区曾经是中国直接或间接统治的区域，但各地都具有多样的文化和文明，它们是在进行自律发展的同时共存的活跃地区。再具体一些，虽然这些地区或多或少地受到了中国文化和文明的影响，在引入、

继承这些文化的意义上，可以说它们属于共同的文化、文明圈。但中国文化和文明本身也在变化中流传，其他地区和国家将这些改变后传入的文化与自己固有的文化和文明相应地活用起来，构建出了自己的文化。从这一意义上说，周边各国也形成了“自我完成式的文化圈”。换言之，东亚地区秩序虽然是典型的中华世界秩序，但并非是仅以此为基础建立的“自我完成式的秩序”。

东亚地区国家共享华夷秩序这一结构和中华意识（华夷意识）的观念，形成了各自固有的、传统的国际秩序。比如，清朝的中华世界秩序、朝鲜的中华世界秩序、日本式的华夷秩序等多样的华夷秩序是共存的。从这一意义上说，东亚世界上有多样的秩序在各自作用，它是个多重秩序体系，这些体系相互有机地联系起来发挥着历史的作用。

所以，今后如果要研究东亚世界的性格和特征，需要进行的是在以时间为轴线的历史性中找寻连续和变化的研究，并同时进行在以空间为轴线的多样性中找寻共同和差异的研究。

华夷秩序的理念和现实可以说是阶层不平等的秩序，它由信奉儒教的士大夫共享到世界，意味着依靠所有人类的道德完成能力和道德性方向来实现社会秩序。最具德行的支配者（皇帝）具有教化民众和将社会秩序化的义务，他根据道德来进行支配和人治。这一理念是天子的天下（全世界）一元化的支配理念，天子根据教化和礼仪有无来将现实世界分为“华”和“夷”，依靠精通儒教经典、具备道德能力的士大夫（官僚）进行文化支配，是具有国内秩序和国际秩序连续性的统治理念。将儒教的世界状态通用到人类、人类集团之间的相互关系和国际关系，并将其作为行事规范的“礼的秩序”，就是华夷秩序。

为了推行这一秩序，比起武力，更要以德行的方法来教化四方。孔孟之道、三纲五常等儒教原理就是这一方式的典范和礼法。因此，这一秩序的理念和使命，就是占据文化优越性的中华文明以德行教化四方。

但是，“华夷秩序”作为“国际秩序”，并不像欧美的国际秩序一样，它不是根据外交或国际关系的意识构造、划定的国境线来体现的领土关系。“华”与“夷”的区别不在于地域，而是根据重视文化的中华观念（华夷观念）来决定的。“内”与“外”的区别不在于领土关系，而是根据版图观念来区分的，十分“暧昧”。这是由于具有版图的地区和国家在内政、外交上具有自主权。从这一点来看，华夷秩序是通过天下主义、大同主义、文化主义、事大邦交等和谐共存理念面向其他地区、国家开放。如此，华夷秩序具有理念和现实、伦理性与政治性、王道和霸道、儒家和法家思想等两面性。

虽然华夷秩序以和谐共存的理念为基础，但实际上也使用了各种弹性的政策和交涉手段等。事实上，华夷秩序中不仅包括儒教理念的“礼”，还有包含着“刑”“武”的统治手段。并且，当其他国家不遵从德治、礼等和谐共存理念的时候，也会使用怀柔、羁縻（部分听取对方的要求，使对方顺从自己的意志）、征服、服从等手段。而当其他地区和国家威胁到华夷秩序时，就会以排外主义来进行抵抗，不顾自身安危抵抗到底。

二、为中韩两国关系发展构建的历史模型

迄今为止的世界经济体制，是将盈余生产物集中于以富国为中心的

地区，各国在其中尽量占据有利位置，国家相互之间根据吸引力和反弹力的力学关系来发挥政治权利的体制。可以说，这是根据经济至上主义和自然、生物、精神的商品化而进行的。对于资本主义这样的自我运动，可以说东亚地区是以临近性为组织原理的，连接个人与个人的华侨式的商人资本世界，这样的系统现今仍然存在。并且，连接个人与个人的主要装置，就一直依存于贸易这一原始形态。贸易的空间是商人与商人之间个人纽带关系的空间，这样的个人空间正是国际空间的一部分。也就是说，商人为了取得利益，利用距离差，将远处的便宜物品低买高卖，或将本地的物品带到远处销售，或利用时差，通过物品差额获取利润，这是商业资本的运动，这种动力正是通过远距离贸易形成的。从商品经济地区侵入现货经济地区，以“文明”来破坏“未开化”的，正是商人。换言之，商人们虽然有想要获得利润的一面，但在创造这些利润的过程中，他们到达了一般人所无法到达之处，传播了文明，并通过移动未来能够创造利益的物品来开拓未来市场。从这一方面来看，从事贸易的商人们是文化的传教士。

东亚地区没有像西方一样完成近代化，商人们经过个人与个人的手，通过临近地区的临近点，来形成文化圈。由于各个地区性的交流圈是“超越国境的地区”，所以民族和语言的异种混交能够得以进行，这种倾向迄今为止依旧存续着。从市场经济这一形态中出现的近代商业资本主义和近代世界系统，在民族、文化、语言的共性这一点上达到了病态的纯洁。

如此，东亚贸易网具有与西方不同的文化背景，有着西方所无法看到、以西方式思维所无法理解的动态特性，原因在于人类与人类错综复杂的内部系统。

在多极共存的世界系统中，地区性子系统的人与物资的移动和交流将人们联系在一起，在各个层面上反复进行结合和统合，形成了网络。在这一过程中，国家这一权力统治机构和社会这一民众生活世界之间，还存在着超越两者空间的“共同空间”。形成这一共同空间所有现象中的一个特征是，这里有着非形式的网络，通过这个网络，具有了国家和社会联系到一起的契机。由此可知，所谓网络，指的就是权力和文化的连接是在相互作用的过程中所生成的。

可以说，这种代表性的网络正是商人们的网络。地缘、人缘、物源和现实的互惠关系，是所谓民间交流这一交流基础的原型，这一民族横向人际关系网正是商人网络的本质。换句话说，需要引起注意的是，商人的网络并不只是移民的问题，它是组织性的远处的商人的问题，是发展传统通商权和支撑它的生产、流通、消费的一系列构造的要素。以此为基础，商人的贸易并不是划定国界后内与外的贸易，国际贸易就发生在地区之间，特别是人与人之间的连接形态中。从这一点可以验证东亚贸易圈是从前近代开始就持续至今的，同时也可得知其意义的重要性。

商人网络的主要作用可以说是依靠个人的连接纽带而形成的，所以可以称其为非官僚的机制。由于世界市场和国家也必须依靠这一网络进行运作，所以东亚地区的精英阶层和大众之间的对立关系，即参与这一网络的人和不参与这一网络的人之间会出现差距也是不言而喻的。这一点也可以看作商人网络的特征之一。由于这样的特征，也有人认为这是东亚地区出现独裁家族主义意识形态的理论根据。不过，这也证明了东亚地区的网络具有多样性，并且这种多样性通过联系的形态和关系性，进行着“不断的交流”这一已完成的循环式模型。

如此，东北亚的网络促进着交易、移民、汇款、结算、信息传达等交流的便利，也构成了促进不同文化之间的相互交流和交涉的圈域，同时也是文化作为生活样式得到共鸣的空间。并且，它也是为了维持如上功能而具有独特机能的构造。再进一步，人们必须要知道，通过这一圈域，在商品的联系点形成了都市，这成为国家初始形态的基础。所以，今日的东北亚地区在不断被资本主义经济所包裹的同时，传统商人资本主义的行动仍十分显著，并且没有被外部强制的产业型内涵所特殊化，仍具备着商业性的内涵，这一背景环境的条件作为精神气质广泛地存在于民众之中。

将这一基本的网络移入东亚世界后所形成的，正是基于中华理念的中华世界所谓的汉字文化圈世界。凭借一直维持着网络的朝贡和册封，形成了政治圈、文化圈、交通圈的中层构造的世界。随后这一网络又再次与东亚之外的其他东亚国家相联系，并维持着通过与外部世界的贸易而相互联系的特性。

存续至今的东亚地区的中华文化圈有着多样而有机的类似佛缘的联系性。我们要在继承了这一特性的延长线上探索中韩交流。从根本上来说，为了发挥能将这一系统发扬下去的领导力，我们要将未来中韩两国的合作之路坚定不移地走下去。

三、一起改变世界的形象

19 世纪末 20 世纪初，在欧美帝国主义与日本反复的侵略下，东亚世界的传统秩序结构转变为近代西欧体系，在基于传统华夷秩序的儒教世界观和原理而构建起来的东亚世界（汉字文化圈）中，和谐与共存理念也已褪色。在欧美列强的暴力之下产生的“征服＝服从”的现实主义和优越主义中，东亚世界遭受着压迫和蹂躏。

后来，随着两次世界大战的终结，战争与侵略主义受到否定，世界从殖民地统治中被解放了出来。然而世界格局又马上进入冷战体系，随之美国和苏联为了主导霸权，引发了持续不断的争端。资本主义和社会主义的对立与矛盾接连不断，于是东亚世界的发展依然停滞不前，仍要继续从属于西欧列强，亦步亦趋。

到了 20 世纪末，国际秩序又迎来了一个大的转换期。战争与恐怖主义造成的恐惧开始在地球上蔓延，而迎来如此大转换期的原因，便是如下现象的出现：第一，随着国际政治与经济的变化，国际社会的政治经济系统或机制发生了改变和融合。第二，除了国家之外，跨国企业和组织、非政府团体、个人等新的力量开始成为国际社会的领导者。第三，国家的规模、能力与角色开始多样化、阶层化。第四，由于团体或集团等国际社会的主体之间相互依存程度不同而产生了相互作用，这相互作用的多元化和流动化引起了国际问题的国内化或国内问题的国际化。

由于国际秩序如此变化，地球上的问题也开始层出不穷。而文明也越来越可能产生矛盾与冲突，基于欧美中心价值观所无法解决的问题也增加了。南北问题，贸易摩擦问题，武器与技术的转移问题，民族、人口、大气、环境、核等多样的问题开始全面爆发。

在这种情况下，几乎不可能出现某个国家、团体，抑或组织，能够把控这样的国际社会并解决这些问题，这给世界未来的和平发展愿景蒙上了一层阴霾。因此，迄今为止，世界仍处在一种人们无法清算的以欧美为中心建立的国际秩序所留下的“负遗产”这样的状况之中。

只有摸索并构建基于脱离欧美中心原理的新国际秩序，这一问题才有可能得到解决。而要如何才能够树立与 21 世纪相称的新的国际秩序呢？对此，“新秩论”应运而生。

最有可能解决这一问题的方法，当属以近代之前东亚世界的秩序为基础来重组 21 世纪的世界秩序。而笔者深信，中国提出的“一带一路”计划，是能够解决问题的具体计划。这是因为，直到近代之前，东亚的秩序都是基于中国政治原理（通过朝贡与册封系统运行的教化秩序体系）来附带拉动经济合作的。而近代之后，在西欧帝国主义和霸权主义之下，东亚地区遭受了彻底的蹂躏，很难自我恢复。中国之所以提出“一带一路”计划，是希望能够将混乱不堪的东亚秩序稳定下来。换言之，“一带一路”计划，就是为了重新探索国际关系而进行的以经济原理为基础、以实现和谐共生的大同政治指向为目标的尝试。

“一带一路”计划是一项以在陆海双栖形成新丝绸之路经济圈为目的的战略。“一带”指的是各个地区统合形成的“一个地带”（one belt），具体来说，也就是连接中国—中亚—欧洲的“丝绸之路经济带”。“一路”指的是“一条道路”（one road），也就是东南亚—西南亚—欧洲—非洲这条“21 世纪海上丝绸之路”。

欧洲批评“一带一路”是“马歇尔计划”的中国版，不过根据中国政府的说明，“一带一路”并不是如同马歇尔计划般的攻势型政策，而是为了促进在各个方面仍较欧洲处于劣势的亚洲自行发展的一种守势型战略。换言之，“一带一路”是“命运、利益、责任共同体”，为了共同发展和繁荣而坚持开放合作，实践市场运营和相互联合的法则。

2013 年 9 月 7 日，习近平主席在哈萨克斯坦的一所大学中强调新合作形式时，第一次正式提出了“丝绸之路经济带”（一带）。一个月之后的 10 月 3 日，在印度尼西亚的国会上，习主席在强调东盟国家的海上合作时，提出了“21 世纪海上丝绸之路”（一路）。然后，2015 年 3 月 28 日，在被称为“亚洲达沃斯论坛”的海南博鳌亚洲论坛上，习主席又一次强调了“一带一路”政策。习主席表示，“‘一带一路’建设不是空洞的口号，而是看得见、摸得着的实际举措，将给地区国家带来实实在在的利益”，亚洲应该朝着一个命运共同体的方向前进。有 60 余个国家、40 多亿人口处于这个影响圈之中。习主席还强调，已有 60 余个国家和国际组织表示愿意积极参与“一带一路”计划，亚洲基础设施投资银行 (AIIB) 和“一带一路”建设并不是中国的独奏会，而是相关国家的合唱曲。

中国提出了“五通”作为“一带一路”的重点建设事业。第一是“政策沟通”，即国家之间充分协商发展计划，调整意见。第二是“设施联通”，即连接铁路、公路、燃气、电力、通信等。第三是“贸易畅通”，即降低贸易与投资壁垒，将边境和港口进行单一窗口化，降低通关费用。第四是“资金融通”，即不仅通过 AIIB 来筹措必需资金，也通过金砖国家新开发银行、丝绸之路基金操作来进行融资，允许外国企业在中国境内发行人民币债券等，强化金融领域的疏通与合作。第五是“民心相通”，即中国每年向 1 万名左右的外国人提供中国政府奖学金，实施共同申请世界文化遗产、简化签证政策等。

不过这项计划中似乎并不包括韩国和日本，从计划的实行方向上来考虑的话，很容易就可以了解到这一点。对中韩两国来说，日本总是伴装裹助美国，实际上却在图谋自身利益，所以中国并不希望将日本包括在“一带一路”计划中，这点笔者可以理解。然而中国却似乎也没有考虑到历史上中国一直十分重视的对韩关系，这是站在韩国人的立场上所无法理解的。

虽然中国在对待韩国的时候需要考虑到日本，也不满韩国在考虑对中关系时要看美国眼色，这是可以理解的。不过即使如此，韩国却仍是无法抹去这种被排除于计划之外的感觉，这对于韩国来说的确是一大遗憾。在之前的交流中，韩国表示出了要参与 AIIB 之意，而韩国内部却出现了一些不满的声音，不过之后中国发表了声明，彻底消除了这些疑惧之心，于是两国宣布了决定研究建设中韩铁路轮渡的方案。换言之，中韩两国通过实现不经过朝鲜而能够连通两国的铁路建设来向全世界明确表示，韩国将参与在“一带一路”计划之中。

原本，“一带一路”主要旨在通过大规模基础设施投资来消除闲置设备，加速产业结构的转化，并通过扩大与合作国家之间的贸易来谋求中国中西部地区的经济发展。不过随着中国针对占中国全部人口和国内生产总值 1/4 的渤海湾发布了环绕在其周围的《环渤海地区合作发展纲要》，跨越渤海海峡的海底隧道开始投入建设，中韩之间的铁路轮渡建设方案也公之于世，这就是“一带一路”计划也与韩国相关的一项铁证。

中韩铁路轮渡项目，指的是通过在集装箱货轮上搭载铁路来连接两国铁路网的项目，不过贯通海底隧道也是目前可能性颇大的一项方案。该项目的对象是从仁川至山东省威海之间 340 千米的区间，由于预算额度巨大，项目之前一直停留在构思状态，而现在已被纳入了具体的建设对象之中，这对于中韩关系给予了莫大的启示。这是因为，该项建设完工之时，就是中韩交流较现在更进百步之日，中韩两国关系也无疑会向着一个过去所无法企及的高度发展。

中韩两国在维持了数千年的东亚国际关系系统和有机网的基础之上，相互尊重，将纷争和矛盾降到最小，明确地向世界宣布了两国一直以来追求的化解与共存的价值观。“一带一路”计划的实施，也是两国关系得到更多推动的契机。

在这个意义上，研究者要将如上历史意义明确地在学术层面上加以整理，让其成为能够为今后世界人类的发展和安定做出贡献的晴雨表。

图书在版编目（CIP）数据

我眼中的中韩关系/（韩）金胜一著；王琳译．—北京：中国人民大学出版社，2018.1
（“认识中国·了解中国”书系）
ISBN 978-7-300-23022-1

Ⅰ.①我…　Ⅱ.①金…②王…　Ⅲ.①中外关系-国际关系史-研究-韩国　Ⅳ.①D829.312.6

中国版本图书馆CIP数据核字（2016）第139026号

“十三五”国家重点出版物出版规划项目
“认识中国·了解中国”书系
我眼中的中韩关系
［韩］金胜一（김승일）　著
王　琳　译
Wo Yanzhong de Zhong-Han Guanxi

出版发行　中国人民大学出版社
社　　址　北京中关村大街31号　　　　**邮政编码**　100080
电　　话　010－62511242（总编室）　　010－62511770（质管部）
　　　　　　010－82501766（邮购部）　　010－62514148（门市部）
　　　　　　010－62515195（发行公司）　010－62515275（盗版举报）
网　　址　http：//www.crup.com.cn
　　　　　　http：//www.ttrnet.com（人大教研网）
经　　销　新华书店
印　　刷　北京玺诚印务有限公司
规　　格　160 mm×235 mm　16开本　　**版　　次**　2018年1月第1版
印　　张　13.25　　　　　　　　　　**印　　次**　2018年1月第1次印刷
字　　数　130 000　　　　　　　　　**定　　价**　48.00元
